U0947234

别让小淘气变成大麻烦

尚秀云◎著

FAMILY

长江出版传媒 | 长江文艺出版社

北京长江新世纪文化传媒有限公司
www.cjxinshiji.com
出品

1. 在海淀法院六一儿童节专场开放日，带领打工子弟学校的孩子们在法庭上模拟敲法槌活动

2. 在设置“U”形法台的法庭中，开庭审理未成年人刑事案件

1. 在北京市政法委举办的青少年法律心理咨询活动中接待家长和孩子

2. 为北京市第五十中学作“增强法治观念，规范道德行为”的法制教育专题报告

1. 两会间歇，接受小记者的采访

2. 在北京展览馆的法治课结束后，给孩子们签名留念

1. 在《法官妈妈》电影放映结束后，与孩子们及著名电影演员奚美娟（“法官妈妈”的扮演者）合影

2. 前往西藏工作交流，与当地孩子合影

1 / 2

1. 一位失足少年在悔过自新后，向海淀法院少年法庭赠送了一幅自己创作的画作，题为“立志更新”，表示对帮教工作的感激

2. 应邀出席在美国纽约桥港大学举行的“为预防青少年犯罪探索人格教育”学术研讨会并发言

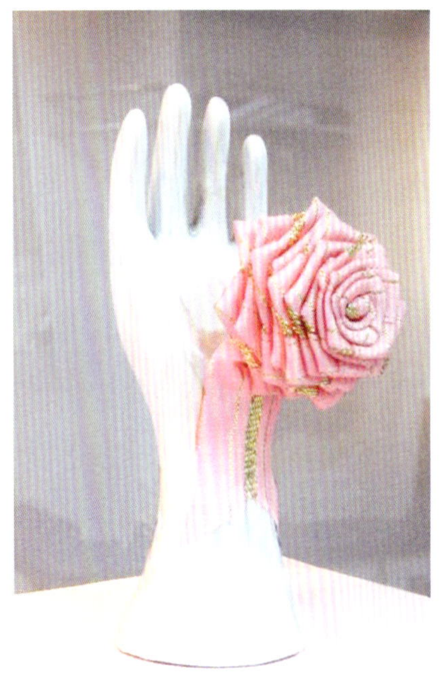

1 / 2
3

1. 王某在缓刑期满后，以优异成绩考上了大学，他送来了一个自己精心制作的笔架，造型是一艘扬帆远航的船，寓意“我将扬帆远航，也祝您一帆风顺”

2. 少年李某在因犯盗窃罪被判处有期徒刑三年缓刑五年后，收到了一位他曾经帮助过的残疾同学用糖纸折叠的1825颗五彩缤纷的小星星，告诉他：“在刑期的每一天中，如果自律了，就拿出一颗。拿完最后一颗，就成为一个新人了。”缓刑期满后，他将这些见证了自己转变历程的小星星送给了曾经审判教育过自己的审判长

3. 一位被判处缓刑的失足少年在考上大学后，送来了一件瓷雕，寓意着“感谢您伸出温暖的法律援手，在我最迷茫的时候将我拉离犯罪的泥沼”

推荐序

重视“法官妈妈”的忠告

全国法院系统最资深的少年案件审判法官尚秀云同志撰写的《别让小淘气变成大麻烦》一书将要出版了，我听说后非常高兴并向她表达了我的期待。在付梓之前，她把书稿发给我，很谦虚地要我提出意见，这也使我得以有机会先睹为快。我看完这本书稿以后的印象是，作者采取以案说法、以人说事的形式，深入浅出地讲述了家长及其他成年人应该如何对待进入青春期的未成年人，如何预防和阻止淘气的未成年人变成麻烦的未成年人，如何教育和挽救出了麻烦的未成年人，以及未成年人自身如何学法守法和自我教育等十分重要的问题。书稿虽然部头不大、内容不多，总共只有七章、十多万字，但提出了很多既显大气又接地气的独特见解。而且书中的案例生动，语言亲切，说理朴实，特点鲜明，富有启发。我认为该书值得广大家长、青年学生、司法人员和相关专家学者一读。

本书的第一个特点是“真”。书中使用的案例大都是尚秀云法官 30

年来亲自审理的真实案件，列举的人物都是她当年打过交道甚至后来还继续关注的未成年人。虽然他们早已成为成年人，而且已经焕然一新甚至成了成功人士，但正因为这样，才更显出尚秀云同志当年所做工作的巨大价值。书中讲述的观点、理念和心得体会，都来自尚秀云同志的工作实践，百分之百的真情实感，没有任何的矫揉造作。书中提出的意见和建议，均是她长期反复思考后的真知灼见。她在书中提出的全社会尤其是家长、学校要正确、认真地对待孩子，正确、认真地教育孩子，正确、认真地处理好出了问题的未成年人，正确、认真地做好未成年人权益保护工作，以及正确、认真地关注未成年人健康成长等观点和理念，具有很强的针对性和现实意义，值得我们高度重视。

本书的第二个特点是“爱”。尚秀云同志从上个世纪80年代初开始从事未成年人刑事审判工作，至今已经30多年，依然初心不改、爱心不变，是全国法院少年审判领域爱岗敬业的模范典型。在我看来，尚秀云同志对工作的热爱，归根结底来自她对孩子的关心疼爱。尤其难能可贵的是，她对相关案件中未成年人的爱心，超越了血缘亲情，超越了好坏美丑，体现出平等的爱、无疆界的爱和发自内心的爱。正因为她对孩子的无私爱心，促使她开拓性地延伸审判职能，尽最大努力在法庭内外、审判前后做未成年人及其家长、学校等方面的工作。她的工作卓有成效，很多违法犯罪的未成年人因为她的努力而改变了命运，她也因此赢得了未成年人的信赖和社会的肯定，被大家赞誉为“法官妈妈”。如今的她虽然已经升到祖母的级别，但人们仍然亲切地称她“法官妈妈”。爱孩子是她工作的动力，也是她思想的源泉。我们看她讲述的一个个未成年人昨天的悲剧故事，以及经过各方努力由坏事变成好事、由坏孩子变成好青年的欢喜故事，无不洋溢着她发自内心的喜悦和关心未成年人健康成长的大爱情怀。

本书的第三个特点是“善”。有人说善良的心是最好的法律，有人说司法是惩恶扬善的职业，还有人说法官最好的品质是善良。我想，至少在未成年人案件的审判工作中，这些说法都是对的。尚秀云同志就是用她生动的审判工作实践，反复印证了司法审判就是要弘扬善念、实践善行的价值观。她几十年如一日，面对的不是“小淘气”的未成年人，而是已经变成“大麻烦”的未成年人，很多问题少年的陋习、劣迹甚至连他们的家长都感到厌恶乃至不能容忍。然而，尚秀云法官却能不嫌弃，耐心细致地与这些“大麻烦”们打交道，既有善心又有善行，始终秉持着将“大麻烦”们变成好公民的善良愿望和不懈追求。如果说，帮助他人一次即是行善，那么，帮助一名误入歧途的未成年人改过自新，变恶人为善人，就是行大善，而帮助一个深受未成年人违法犯罪拖累困扰的家庭走出阴影，重新获得欢声笑语和美好明天，那更是行至善。

“一个案例胜过一打文件”，这是中央领导同志多次强调的一个重要论断。该论断既充分肯定了公正的司法案例对于引领社会公正、弘扬法治精神和建设法治社会的重要作用，又明确提出了司法人员要公正办理案件并重视发挥案例价值作用的工作要求。就法官而言，贯彻落实好这一要求，就是既要做好依法公正裁判的“司法民工”，也要当好深挖案例价值的“司法矿工”，让司法案例充分发挥推动法治建设的巨大能量，成为全民共享的优质法治资源。值得钦佩的是，尚秀云法官在这方面也给我们做出了榜样，她几十年来身体力行地践行着甘做一名“司法民工”和乐做一名“司法矿工”的职业追求，审理了大量堪比文件的典型司法案例，本书所引用的司法案例就是其中的典型代表。仅此一项，我就有足够的理由向广大读者推荐“法官妈妈”尚秀云同志的这一力作！

最高人民法院大法官、法学教授　胡云腾

2019 年 1 月于北京

目　录

CONTENTS

第一章

家庭是最好的学校

一、父母相爱，孩子心里才会充满爱

寻找爱的孩子

周岚[①]（女，16岁）是一名初中三年级学生。6岁时，她的父母因感情不和离了婚，她与母亲一起生活。后来，周岚的父母相继再婚，她的母亲再婚后又生了一个男孩，从此，周岚在家里就经常遭受继父的冷眼。她只好又去找亲生父亲，但是在父亲家里，继母对她也是横挑鼻子竖挑眼。自从父母各自组建了新的家庭后，周岚便失去了父母双方的照顾，幼小的心灵受到了创伤。周岚原本是一个聪明伶俐、学习成绩不错的好孩子，由于家庭的变故，渐渐地，她开始自卑、沮丧，对他人和社会产生了不信任感。由于觉得自己是一个“没人要的孩子”，没有人关爱自己，没有人在乎自己，周岚越来越以自我为中心，不在乎别人的感受。在学校里，她总心不在焉，听课时总走神，老师布置的作业也常常不能

① 本书涉及的所有未成年人，均为化名。

完成；为了发泄心中的郁闷，有时还在课堂上捣乱。老师让她请家长来，她说自己是孤儿。周岚在学校里没有什么朋友，她觉得家庭很不幸，自己不如他人，但在内心里又经常羡慕家境优越的同学，不仅想和同学一样拥有名牌手机，也想像大家一样举办生日派对，但是她哪里有这个条件呢？

有一次，学校要周岚交120元书费，她不知道找谁去要，也不知道谁能给她这笔钱。中午放学回家时，她看见邻居家的屋门没锁，屋里也没有人，便溜了进去，把人家放在冰柜上的手包偷走，回家后发现里面装着6500多元钱，便据为己有。

周岚从偷来的钱里拿出120元交了书费。被查获后，周岚因涉嫌犯盗窃罪被起诉至法院。周岚的母亲知道后，流着眼泪说："是我们当父母的害了女儿，如果孩子生活在完整和睦的家庭里，也许她就不会去偷东西了。"

听了这个故事，很多人也许会问：为什么需要钱交书费的时候，周岚第一个想到的不是找父母要，而是去偷呢？我们不要忘了，周岚只是个16岁的孩子，她没有办法去干涉父母的婚姻，也没有能力去指责父母的失职。在父母家里遭受的冷遇让她觉得自己没有亲人可以依靠，当学校让交书费的时候，自尊心使她无法向父母张口。周岚的父母再婚后没有处理好周岚和继父、继母之间的关系，忽视了对周岚的监护和教育，使周岚感到内心孤独、无依无靠。所以，在学校让交书费的时候，周岚宁愿去偷，也不愿意遭受继父、继母的白眼。可以说，周岚的误入歧途和她父母没有认真履行教育监护职责有着直接的关系。

在现实生活中，就有这样养而不教的父母，他们不履行监护职责，就像故事里周岚的父母一样，再婚后把生活重心完全转移，而忽视了原来的孩子。

父爱和母爱是孩子成长道路上的阳光和雨露。父母作为孩子的法定监护人，对孩子进行监护和教育既是亲情的本能，也是法律赋予的神圣职责。所以，离婚并不能成为父母逃避养育责任的借口。

父母离异，孩子是最无辜的受害者；离异家庭对孩子的影响是不言而喻的。我还审理过这样一个案件：

一个14岁的男孩名叫张凡，在小学四年级的时候，他的父母就离异了，他被判给父亲抚养。

离异后不久，他的父亲便与一个携女再嫁的女人结了婚。婚后又生了自己的孩子。由于其父再婚时向其继母宣称自己未婚，并隐瞒了有孩子的事实，所以继母和与其共同生活的继母的母亲都不认可张凡。即使同住一个屋檐下，张凡也要忍受他们的冷言恶语，甚至不被允许和他们在一个桌子上吃饭。进入青春期的张凡性格也愈发逆反。后来，其父怕妻子不高兴，也担心张凡影响他现在的生活，就干脆给他租房让他在外单独居住，并每周给他二百元的伙食费。

每到夜晚，尤其是在寒冷的冬天，北风呼啸，窗户不住地作响。张凡一个人待在出租屋中，饱受着恐惧与无助，但是没有人安慰和陪伴他，他就只好在床上用被子紧紧捂住头，以掩饰自己的胆怯和孤独。他忍着眼泪，对亲生妈妈的思念如决堤的洪水涌入心头。

一个寒冷的冬天，张凡患重感冒，高烧39.5度，他给父亲打电话想要父亲陪他去医院，但父亲和继母商量后，却只是冷冷地说了句：“你自己借点钱先去吧，我明天再把钱给你。”用张凡自己的话说：“听到那句话时，我死的心都有了。”

对父亲彻底寒心的张凡，只好给在网吧认识的小哥们儿打电话。小哥们儿很快赶到他屋里，将他送到医院，给他交了挂号费和药费，而且一整夜都陪他在急诊室输液，第二天早晨还给他买了早餐。张凡出院时感激地说：“以后我就是你们的人了，今后有什么事儿尽管对我说！”从那以后，张凡便跟着小哥们儿“走街串巷”，最终因为参与一起抢劫案走上了刑事被告席。

为什么14岁的张凡会跟着小哥们儿去抢劫呢？其中的一个原因就是张凡脱离了父母的监护，在外面单独居住。

我国《预防未成年人犯罪法》第十九条规定，未成年人的父母或者其他监护人，不得让不满16周岁的未成年人脱离监护单独居住。这是因为，未成年人正处于体力、智力发育过程中，认识能力和控制能力都比较弱，社会经验不足，容易受到不良思想或坏人的引诱。张凡之所以会参与抢劫，是因为他把在网吧里认识的不良少年当成了可以依靠的朋友，所以才会被他们利用而以身试法。

同时，我国《婚姻法》第三十六条规定，父母与子女间的关系，不因父母离婚而消除。离婚后，子女无论由父或母直接抚养，仍是父母双方的子女。离婚后，父母对于子女仍有抚养和教育的权利和义务。在这个故事里，在张凡最需要关心的时候，如果做父母的能依法履行对未成年子女的法定责任和义务，能够满足孩子正当合理的心理和物质需求，给孩子应有的爱和温暖，把孩子的心给焐热乎了，那么张凡可能就不会和不良朋友走到一起，更不会走向犯罪了。

离了婚，我们依然爱你

所以，我想对那些离婚的父母们说，在孩子长大成人以前，不论孩子随父亲还是随母亲生活，双方都应当承担起对孩子的监护职责和抚养义务。

首先，父母应当依法履行对孩子应尽的监护职责。

父母的监护职责主要包括：保护孩子的身体健康，照顾孩子的生活，管理和保护孩子的财产，代理孩子进行民事活动，对孩子进行管理和教育，在孩子的合法权益受到侵害或者与他人发生争议时，代理其进行诉讼。每一对离异的父母不妨对照反省一下，自己为孩子做得是否到位，如果没有做到位，就是做父母的失职。

其次，要承担孩子成长的物质需求。

父母双方离婚后，抚养孩子仍然是双方不可推卸的责任。《中华人民共和国婚姻法》第三十七条第一款规定：“离婚后，一方抚养的子女，另一方应负担必要的生活费和教育费的一部分或全部，负担费用的多少和期限的长短，由双方协议；协议不成时，由人民法院判决。”因此，父母双方都应当负担孩子的生活费、医疗费、教育费等，为孩子健康成长提供必要的物质条件。父母应当满足孩子合理正当的物质要求；当然，对于不合理的要求，要讲明道理，不能一味纵容，以免走向另一个极端。

再次，要告诉孩子，父母依然爱他。

父母应当对孩子做积极的心理辅导，要告诉孩子：离婚是因为父母不再相爱了，而不是因为不爱他了，即使离了婚，爸爸妈妈仍然会像以前一样爱着他。当遇到与孩子有关的决定时，父母双方应当共同商量，并倾听孩子的想法，让孩子心里感觉到，即使父母离婚了，也不影响对他的关爱、尊重和重视。

此外，父母决定再婚时，最好能征求一下孩子的意见。在追求自己幸福的同时也要照顾孩子的感受，因为即使离婚了，抚养孩子仍然是父母双方应尽的责任。只有在充满爱的环境里生活，孩子才能健康快乐地成长。

二、家庭和睦，孩子人格才健全

单亲爸爸育儿记

郑源（男，14岁），因犯抢劫罪被判处有期徒刑两年。当法官第一次在看守所看到他时，发现他染着黄头发，胳膊上刺着文身，一脸漠然的表情。小小年纪，怎么会这么一副玩世不恭的模样呢？当法官向孩子的父亲了解情况时，这位父亲道出了事情的原委：

郑源的父亲和妻子离异时，孩子才3岁，之后父子俩一起生活。他对儿子满心疼爱，既当爹又当妈，为了养育儿子他没少遭罪。甚至怕儿子受委屈，他一直没有再婚，一心指望儿子快点儿长大，将来能有出息。但是，父亲毕竟不能代替母亲，在缺少母爱的家庭中，郑源变得越来越内向，越来越消沉，每当看到别人一家三口其乐融融时，他都会感到内心酸酸的。随着年龄的增长，这种感觉也越来越强烈。他觉得自己和那些孩子不是一个世界的人，不愿意和他们交往，学习成绩也开始下降，慢慢地甚至开始厌倦学习。当父亲指责他时，他反而逆反顶撞，怨恨父亲为什么要离婚，为什么不能给自己一个完整的家，进而由厌倦学习发展到厌倦父亲。当碰到与自己有同样遭遇的孩子时，他才找到了情感上的共鸣。他们在一起聊天、玩耍，甚至吸烟、酗酒，以此掩饰内心的孤独和无助。

起初，郑源的父亲对孩子交往的朋友并没太在意，因为觉得家里确实冷清，父子俩也没有多少话可说，所以孩子能有交流的伙伴也好。但是，当父亲发现儿子越来越不愿意在家里待着，行为越来越离谱时，才意识到这样下去不是什么好事，于是便想方设法对孩子的行为进行约束。可是，孩子根本听不进去。为此，父亲还找到学校，希望老师能多加管教。但郑源却依然我行我素，最终甚至参与抢劫走上了犯罪的道路。

还有一个14岁名叫曹悦的女孩，她曾对我说：小时候，爸爸和妈妈都很疼爱我，经常带我到公园玩，其他小朋友都很羡慕我，我衣食无忧，从来不知道什么是烦恼。可是，自从爸爸开办了公司后，一切都变了。他工作很忙，经常很晚才回家，有时干脆不回来，对我和妈妈也越来越不关心。妈妈不高兴，就和爸爸争吵。起初，爸爸还听着，解释一下，后来就根本不听了。有一天，他们不知为了什么事争吵起来，我从来没有见过妈妈那么激动，爸爸也毫不示弱，双方吵得很凶，吓得我躲在自己的房间里不敢出来。从那以后，他们经常吵架，有时甚至还动起手来。我很害怕，求他们别吵了，可他们说："大人的事，小孩子别管，写你的作业去！"可是家都成这样了，我哪儿写得下去作业啊？后来，他们还是离婚了，我怎么哀求都没用。妈妈对我说:“你爸有钱，你和他过吧。”爸爸二话没说，把我送到奶奶家就不管了。每到周末，看到同学们和父母一起逛街、去公园，而我只能一个人闷在房间里，好孤独好难过……平时我和爷爷、奶奶没话可说，在学校里也独来独往。我觉得我各方面都不如人家，和同学吵架，他们便骂我“没妈的孩子没教养”。无聊的时候，我就上网吧聊天，认识了一大帮网友。他们都非常喜欢我，带我去蹦迪、吃麦当劳、看电影……我又找到了依靠，感到从未有过的欢乐和充实。直到有一天，在迪厅，我和他们一起吃“摇头丸”被警察抓住。在强制戒毒所里，我想，我之所以落到今天这种地步，都是父母的责任。如果他们爱我，为什么还要离婚？为什么不再管我？如果他们不喜欢我，为什么还要生下我？我恨他们！

孩子是父母的影子

以上这两个故事告诉我们，问题少年的背后，总有个问题家庭。家庭中夫妻互相不尊重，关系不和睦，孩子在家庭中感受不到温暖，便会给社会上的不良分子以可乘之机。所以，家庭关系对于孩子成长的重要性，一定要引起家长足够的重视，让和睦的家庭关系为孩子的成长保驾护航。

夫妻和睦，孩子才能健康成长

有人把家庭比喻为爱的港湾，其实对孩子来说，家庭的意义远不止于此，在他们幼小的心灵里，家就是他们全部的依靠。因为家里有爸爸和妈妈，能为他们遮风挡雨，使他们得到衣食温饱，让他们健康快乐地成长。而如果父母不和，彼此缺乏应有的尊重，甚至离异，对孩子来说就好比天塌地陷。正如郑源因缺乏母爱，一直生活在恐惧与孤独之中，自卑的心理使他无法正常地与同学交往；而曹悦的父母从冷漠、争吵到打骂直至婚姻破裂的过程，给她幼小的心灵造成了严重的创伤。这两个孩子都在精神空虚中结交了不良同伴，才铸成大错。

实践证明，完整和睦的家庭环境、恩爱的夫妻关系是孩子健康成长的重要条件。儿时父母婚姻关系的破裂，会给孩子的心灵留下阴影，造成创伤，使孩子感到孤独、困惑；缺少父母的关爱、教育和监护的成长经历，很容易使孩子形成扭曲的人格和不良的品行。

婚变家庭问题多

有学者将父、母、子女组成的家庭结构比喻为稳定的三角形，其中任何一方的缺失，都可能使它偏斜甚至倒塌，影响家庭的功能。未成年人犯罪固然有其自身原因，但婚变家庭（包括单亲家庭、继亲家庭、婚姻动荡家庭）中常见的父母关系失和、亲子关系淡漠、监护功能不全，以及由此导致的家庭情感给予及社会化引导功能的欠缺，才是未成年人违法犯罪的最主要原因。

据统计，某法院少年法庭每年受理的未成年人刑事案件中，来自单亲家庭的少年犯占少年犯罪总数的 26.4%，来自继亲家庭的少年犯占 6.3%，来自婚姻动荡家庭的少年犯占 25.2%，三者相加达 57.9%。看到这些触目惊心的数字，我们不禁感叹：完整和睦的家庭对孩子的成长是多么重要啊！

父母关系是否和睦，在言谈举止间能否相互尊重、关爱彼此，给孩子以良好的教育导向作用，是影响孩子个性发展的重要因素。在一个家庭里，父母对孩子来说本身就是一个活生生的榜样。所以，作为父母，我们应当注意自己的言行，夫妻之间互敬互爱，让孩子从小受到敬和爱的熏陶，孩子长大后才能学会尊重他人。有研究表明，凡是父母关系不和、经常吵闹的家庭，都会给孩子带来负面的情感问题。

家庭对孩子的成长影响最大

为什么说家庭对孩子的成长影响是最大的呢？这是由亲子关系和家庭教育的特点所决定的。因为父母与孩子有着天然的血缘关系，孩子在婴幼儿期接触最早的人是父母，与父母间有着高度依恋的亲子关系。这种最密切的关系和最浓厚的亲情，使得家庭对孩子的发展具有无可比拟的影响。

家庭环境对孩子的影响是多方面的。首先，对孩子情感及心灵的影响最大。父母对孩子的爱，家人对孩子的亲切关怀及亲子间的密切接触，使孩子产生安全感与依恋感。这种亲情是孩子健康成长的营养剂，无形中会滋润着孩子幼小的心灵，使孩子萌发良好的情感，并为他长大后奠定良好的人格基础。

其次，良好和睦的家庭环境也为孩子优良性格和习惯的养成提供沃土。性格与习惯是孩子自我约束、避免不良社会浸染的最好防护屏障。

试想，如果郑源和曹悦在温馨和睦的家庭中成长，养成健康的性格和良好的行为习惯，懂得是与非，也许就不会误入歧途了。

如果有家长问我：怎样才能使孩子身心健康地成长？我最想要告诉各位家长的是：给孩子创造良好、和睦的家庭环境，做以身教子的合格父母！

三、善待孩子，孩子才会善待他人

严父的望子成龙

赵成是一个16岁的男孩。他是家里的独生子，小时候活泼好动，父母都很疼爱他。赵成的父母都是文化水平较高的知识分子，从小对赵成寄予厚望，尤其对他的学习成绩要求很严格。

然而，赵成上了中学，特别是升入初中二年级后，变得越来越顽皮、逆反，爱搞一些恶作剧，常常损坏学校公物，要父母出面道歉赔偿。因为贪玩不爱学习，他的成绩也开始下滑，考试经常不及格。

赵成的父亲身材高大、性格暴躁，他笃信“不打不成材”的观念，一见赵成的学习成绩下降，又经常闯祸，打心眼里恨铁不成钢，便经常对他打骂、罚站或者不让他吃饭。甚至在亲友、邻居面前也毫不避讳，骂他是“榆木脑袋”“无可救药”。久而久之，赵成的学习成绩非但没有好转，反而一落千丈，他在父亲的辱骂、殴打下愈发不思进取、无心学习，仿佛在用行动印证着父亲对自己的责骂——我就是个“榆木脑袋”“无可救药”。

因为赵成的学习成绩不好，每次排名都给班集体拉后腿，老师们都不喜欢赵成，特别是班主任，更不待见他。有一次，班里的同学丢了钱，丢钱的时候只有赵成和另外几个同学在场，而赵成是其中成绩最差的，老师便武断地认为学习好的同学干不出这种事，只有平时调皮、学习又不好的同学才会偷东西，就当着全班同学的面问赵成是不是他偷的钱。赵成十分委屈，不想说话，老师就用猜疑的眼光盯着他，把他看成贼。

在这次盘问后，同学们都不愿意和赵成交往了，连平时的铁哥们也开始有意疏远他。赵成用拔掉老师自行车的气门芯来进行报复，恰巧被老师碰上，老师当即把赵成的父亲叫到学校来，而爱面子的父亲在听了老师告状后，不分青红皂白就狠狠地给了赵成一耳光。赵成因此很恨这个老师，更恨他的父亲。他想，为什么父亲不相信自己的儿子，只顾自己的面子而不顾儿子的尊严？自己明明没有偷钱却因学习成绩不好被无端冤枉，学习不好难道就能和贼画等号吗？他想不通，再也不想见到老师和父亲。

又一次期中考试后，赵成的所有科目都不及格，父亲知道后又将他暴打了一顿。赵成挨打后心里愤愤不平，一心想要反抗报复，便离家出走了。后来，赵成与在网吧认识的刘康（男，16岁）一起，带着从黑市上买来的尖刀，趁着清晨农贸市场的商贩进货的机会，在胡同的僻静处徘徊，寻找作案目标。随着车轮声由远及近，二人突然从胡同里冲出来，拦住小贩的去路，赵成掏出尖刀抵住小贩的喉咙进行威胁，刘康趁机搜身，将小贩进货用的2500元钱和随身携带的一部三星手机（经鉴定价值人民币1200余元）强行抢走。最终，赵成因涉嫌犯抢劫罪被起诉至法院。

孩子在成长的过程中难免会犯错，可是有的父母发现孩子犯了错误，不是耐心地说服教育，而是笃信“不打不成材”的信条，不分青红皂白地打骂孩子，造成孩子与父母情绪对立、互不信任。有的孩子在心理上不喜欢父母，就到社会上去找小兄弟获取“同情”“温暖”，以致逐渐形成粗暴和攻击性强的性格。甚至像案例中的赵成那样，用以身试法的方式来报复父亲。为什么赵成会用抢劫小贩的方式来报复父亲呢？原来，赵成的父亲是某单位的保卫干部，赵成为了发泄自己心中的不满，他故意屡次在父亲管辖的区域里作案，目的就是破坏父亲的名声，让父亲的工作出问题，受到领导的批评。赵成自幼饱受父亲打骂之苦。在他心里，弱小的自己无法对抗高大的父亲，于是只能通过影响父亲工作的方式，借单位领导对父亲的处罚来实施报复、发泄怨气。

保护自尊心，就是给孩子进取的动力

据了解，来自问题家庭的孩子，特别是来自打骂家庭的孩子，一般都经历过娇宠——打骂——姑息的教育“三部曲”，最后以家长的教育失败告终。

第一阶段——娇宠

孩子小的时候，父母觉得孩子天真可爱，即使有不文明、不礼貌的言行，也不及时矫正，甚至觉得好玩，通常一笑了之。例如散步时父母碰见邻居，让孩子称呼长辈为“猴哥”“八戒”以此戏谑；有时孩子不尊重爷爷，把爷爷叫作“大肚蝈蝈”，爷爷不制止还开怀大笑，称为“孙子疗法”[①]。殊不知，孩子此类不文明行为如果不断强化，久而久之就会养成不尊重他人的不良行为。据了解赵成幼年时就是因为长辈对他很娇宠，一定程度上促成他顽劣的个性，长大之后他才会在应对父亲打骂时选择通过犯罪来实施报复。

第二阶段——打骂

小时候对孩子放纵迁就的结果，就是容易使他们养成以自我为中心、无法无天的“小霸王”性格。随着年龄的增长，孩子的活动范围扩大，“小霸王”开始在小伙伴中横行霸道，家长的烦恼也就随之而来，不时要向人家赔礼道歉，或赔偿损失。这时，家长才意识到再不加以管束，确实不行了。但他们采取的方法往往不是耐心劝说，而是简单粗暴的打骂。这种方法对付小一些的孩子或许还见效。因为孩子小，简单幼稚，对父母的依附性强，在家长的严厉管教下还能够收敛自己。但实际上，这种收敛并不是打心眼里的心服口服，而是不得已的屈从。面对这种假象，家长觉得自己

---

① 方明：中国学前教育研究会副理事长、中国关心下一代工作委员会专家委员会委员、北京市家庭教育学会常务理事及中国家庭教育学会家教讲师团成员。引用部分参见《不能这样逗孩子》，载《根深才能叶茂》，2000 年 4 月第 1 版，第 169 页。

管教的目的达到了，也不进一步跟孩子沟通和交流。其实，孩子的逆反心理正是在这个年龄段，在一次次的粗暴压制下形成和强化的。

赵成的父母如果能够就学业问题与赵成进行耐心细致的沟通交流，以正确的方式告诉孩子学习的重要意义，并及时督促孩子认真听讲、按时完成作业等，使他养成良好的学习习惯，而不是发现成绩退步就一味打骂，企图用棍棒打出优秀的儿子，那么赵成想必也不至于自暴自弃，最终触犯法律。

第三阶段——姑息

孩子上中学后，伙伴多了，交际范围广了，体力和胆量也逐渐增加了。小伙伴们在一起互相交流，见识也就自然丰富起来，对家长的粗暴教育也产生了自己的应对办法，即实在忍不了就跑，“朋友们”互相提供食宿。孩子几天不回家，家长就惊恐万分，惶惶不安，呼天喊地地到处寻找。一旦找到孩子，就开始妥协，由此进入了第三阶段——姑息，说什么也不敢再打了，以防孩子再次出走。这时，孩子成了胜利者，家长的一再退让使孩子更加得寸进尺，肆无忌惮。

故事中的赵成就是这样。原本天真活泼的孩子，之所以会走到抢劫的地步，是因为父亲粗暴的打骂对他的心灵造成了严重的创伤，激化了他青春期的逆反心理；还有老师无端的怀疑伤害了他的自尊心，使得他再也不想走进那个学校。孩子属于社会中的弱势群体，他们受到家长抚养的同时也受到家长的制约。因此很多时候孩子在受到委屈时，并没有一个合适的渠道来发泄自己的情感，而这种压抑积累到一定程度后，孩子就很可能通过违法甚至犯罪的手段来进行反抗，来表达他们心中强烈的不满。打骂本身就是对孩子的不尊重，简单粗暴的打骂不仅不能矫正孩子的偏差行为，给予孩子有益的建议，而且也侵犯了孩子的人身权利，在棍棒中打散了亲情，打出了怨恨。如果说故事中是这位父亲把他的儿子逼上了犯罪道路，也是不足为过的。

反过来说，如果当初老师能够换一种处理方式，不是在没有任何证据的情况下，仅凭自己的主观臆断就当面怀疑指责赵成偷了钱，而是给真正拿钱的同学一个改错的机会，让他在一定期限内，将钱放到教室的某个地方，也许就能将丢失的钱找回来，赵成也就不会被无端冤枉；在赵成实施报复行为后，假如他的父亲能够让老师查清事实，而不是当众殴打孩子，伤害赵成的自尊心，也许赵成抢劫的事就不会发生。

不管什么理由和什么情况，父母打骂体罚孩子都是对孩子的不尊重。有些家长认为孩子是个人的私有财产，打骂是自己的自由，殊不知，我国《未成年人保护法》第五条规定了，保护未成年人的工作应当遵循的原则就有尊重未成年人的人格尊严这一项。有的家长认为孩子是自己生养的，稍不顺心就任意打骂，这是违背法律规定的。

从教育角度看，打骂对孩子的健康成长危害很大。不要以为孩子小，不懂事，打骂不碍事，实际上孩子的心灵对大人的评价和态度是很敏感的，不尊重孩子会伤害孩子的自尊心。自尊心是一个人进取向上的重要动力，孩子虽然小，但他们同样有自尊心。保护孩子的自尊心就如同保护植物的生长点一样重要。一个在打骂声中成长的孩子，必然会在幼小的心灵中留下创伤，不能明辨是非，甚至会使孩子产生自卑和压抑感，感受不到家庭的温暖和欢乐，进取心受挫，继而产生消极的人生态度。

科学的教育方法应当是为孩子营造出民主、宽松、和谐的家庭氛围，要把孩子看成家里的小主人，用平等商量的态度对孩子提出要求。有的家长常常以教育者自居，用命令的口吻和孩子对话，比如有的家长自己不读书、不看报，却命令孩子好好学习，孩子就会不服气，心想：你自己都不学习，有什么资格叫我好好学习？对孩子的进步要及时给予鼓励，出现问题也要分析原因、逐步解决，不能随意责骂甚至殴打孩子。只有这样才能给孩子树立起自尊心、自信心，才是真正对孩子有益的教育方式。有研究表明，童年经常遭到父母打骂的孩子，更容易胆小、自卑，在心理上造成创伤、留下阴影，往往容易用简单粗暴的方法面对生活，造成潜在的反社会倾向。

从心理学角度看，在孩子身上“出气”，可以暂时让孩子听话，但是会造成孩子缺乏自信心、自尊心，强化孩子的逆反心理。同时，滥用体罚或变相体罚还会给孩子造成一种错觉，认为暴力可以解决问题，从而学会“以暴制暴”。审判实践发现：在 15 名持械斗殴犯故意伤害罪的少年中，有 14 名孩子的家长性格粗暴，爱与人争斗，对孩子动辄拳脚相加。可见，孩子性格和行为的曲线，总是围绕着家长性格和行为的轴线上下波动的。因此，用简单粗暴的方式教育孩子是十分有害的。

四、多一些关心，孩子才不会迷失

误入歧途的少年

很多人都听说过“蓝极速”网吧发生的那场大火，使25名来自全国各地的青少年葬身于火海。被告人甲某（男，14岁）、乙某（男，14岁）及丙某（女，17岁），因为对蓝极速网吧不满，经甲某提议、丙某参与，预谋用汽油放火进行报复。2002年6月16日深夜，乙某经甲某同意后，携带汽油、打火机等作案工具来到蓝极速网吧楼下，将汽油泼洒在网吧楼梯中间平台至一楼楼梯入口处，将汽油引燃，造成火灾。致使正在网吧上网及工作的25人被烧死，12人被烧伤，其中6人为重伤，造成巨大的财产损失。后来这三名犯罪嫌疑人被抓获归案，均因涉嫌犯放火罪被起诉至法院。[①]

① 北京市第一中级人民法院（2002）一中刑初字第2477号；北京市高级人民法院（2002）高刑终字第494号。

制造这起惨案的三个孩子，都生活在离异或失和的家庭中。甲某上小学时父母就离异了，他大部分时间都是跟姥姥一起生活，他小时候很听话，也还算懂事，没让姥姥过于操心。看见别人的父母来接他的同学，自己总是一个人默默地低着头躲着。那时候，甲某隔两三天才能见一次母亲，而父亲一个月也就能见两三次面。甲某希望父亲多来接他，粗心的父亲觉得孩子就是想出去玩，不想好好学习，他根本体会不到一个小孩子失去父母呵护的孤独与恐慌。他的转变是因为一次打架，这次打架事件过后，原本对人礼貌谦让的甲某变了，缺少父母疼爱的他觉得再那样就会被人视为懦弱。心理上的改变，渐渐地表现在行为上，甲某开始习惯用打架来解决问题。他的逻辑是以暴制暴。后来，甲某开始迷上了网络暴力游戏，天天泡在网吧里，觉得上学没意思，再后来，他干脆就辍学了。

乙某，蓝极速网吧纵火案主犯，案发时 14 岁。乙某也是来自一个离异家庭，在他 1 岁时，母亲就离开了家，他跟着父亲生活。5 岁时，父亲因为故意伤人惹上麻烦，他只好随爷爷奶奶生活。后来，他的父亲吸上了海洛因，毒瘾一犯便不管不顾，老人、孩子全部抛在脑后，曾经被强制戒毒。而乙某的继母十分刻薄而狠毒，经常打骂乙某。乙某的真正“堕落”是在 2002 年年初。春节之前，坏消息传来——乙某的父亲因复吸被劳教两年。自此，他几乎就没好好上过学，也不再回爷爷的住处，案发前，乙某一直和丙某住在一起。

丙某是蓝极速网吧纵火案的从犯，案发时 17 岁。丙某的父亲吸毒，这对她是个极大的伤害。因为父亲吸毒受到同学的嘲讽，丙某第一次打架，受到了老师的严厉批评。这件事让丙某开始排斥学校，经常逃学在家，可由于父母不和，整天在家里争吵不断，她感觉不到家庭的温暖和父母的关爱，丙某对这个家也开始厌弃，最终离家出走。离开家的丙某无处可去，便选择了网吧，几乎天天都泡在里边打游戏，并在这里结识了很多同样辍学的孩子，其中就包括甲某和乙某。

三个少年小小年纪就被家庭和父母抛弃，10多年来，给他们稚嫩心灵留下深刻记忆的不是父母的疼爱和无微不至的关怀，而是一次次的心灵创伤或家常便饭式的打骂。长期生活在这种没有关爱和理解的家庭环境中，缺乏稳定感和安全感，使他们认为父母尚且如此，其他人就更不值得信任了。从对父母、对外界失去信任到仇视社会，三名少年的心灵和人格逐渐扭曲。这使得他们对善恶价值、是非对错的判断产生歪曲和颠倒。而他们的冲动、残忍，也是由于父母无原则、无道德、无亲情的抛弃、虐待、打骂造成的。

因为缺少家庭温暖和父母的教育，他们经常逃学，反正家里没人管，学校也管不过来。因为有着相同的遭遇、烦恼和共同语言，他们关系挺好，有的时候还住在一起。他们脑子里从来就没有受法律约束这个概念，更不会考虑行为的后果。

三对不负责任的父母，三个无法无天的孩子，25个鲜活的生命，25对痛不欲生的父母，25个希望毁灭的家庭，还有恶劣的社会影响、巨大的经济损失……事实就是这么残酷，让人不敢也不忍相信。在这残酷的事实面前，任何关于养而不教的阐述都显得那么苍白，每一对有良知的父母都应当承担起自己的社会责任。

三分养七分教，教育比养育更重要

前面说的是一个极端的例子。而在我们的生活中，养而不教更多地表现为：有的家长只关心孩子的衣食住行，而忽视与孩子心灵上的沟通和交流；有的家长只关心孩子的考试分数，却忽视对孩子的品德教育；有的家长对孩子成长中的精神和心理需求不够了解，又往往忽视对孩子某些不良行为的矫治，有的父母直到孩子走上违法犯罪的道路才追悔莫及。

有学者指出，无论父母的教育方式如何，毋庸置疑的是，父母关系本身就是一个实实在在的教育因素。父母的行为对未成年子女的人格塑造和行为习惯的养成具有潜移默化、至关重要的作用，这种作用是具有渗透性的，这种作用的效果与父母的婚姻关系密切相关。从案例故事中，我们可以得到以下启示：

建立良好的家庭关系

在家庭中，夫妻关系是最重要的关系，父母是孩子最亲近、接触最多最早的人，夫妻关系和睦融洽，孩子才能拥有良好的家庭成长环境，并从父母的身教中受到正面的影响。良好的亲子关系应当是父母与孩子之间的高度依恋关系，这种最密切的关系和最浓厚的亲情，使得家庭对孩子的发展具有无可比拟的影响。当孩子看到父母互敬互爱时，就会从中得到爱和敬的熏陶，启迪善和美的心灵。

故事中的三名少年被告人都生活在家庭破损、父母关系不和或者行为不端的家庭中，家庭的不幸是他们的重要共性。在他们幼小时父母婚姻的破裂，使他们感到气馁、沮丧，并且感到迷茫、困惑，进而形成扭曲的人格和不良的品行，导致他们胆敢以身试法，走上了犯罪的道路。

这是家庭的悲剧，也是孩子人生的悲剧。

强化父母对未成年子女的监护责任

每个孩子都像一颗种子一样，生长在良田沃土中，有人施肥、灌溉、杀虫、修剪，就能茁壮成长；如果成长环境不良，再加上病虫害的侵扰，肯定就会变异、凋零。三个纵火少年也曾经是三颗正常的种子，是不良的环境促使他们变异，一步步走向了邪恶。

父母应当依法承担起对子女的监护责任。对孩子的教育、监护，既要从生活细节上加强，也要根据孩子的个性、智力等不同情况，因人而异，有针对性地、科学地进行。要做到这一点，就需要父母真正地了解孩子，要从小抓起，从日常生活中一点一滴的小事抓起，一旦发现孩子出现不良行为，就要及时地进行教育和矫正，把问题消灭在萌芽状态，这样才是负责任的合格父母。

家庭教育要与社会教育相结合

蓝极速网吧纵火案也反映出对未成年人思想道德建设的重要性。家长、学校、社会开始关注未成年人的上网行为，监督、教育未成年人不得进入网吧。学校和家长都应当根据孩子的兴趣特点，用有益的内容吸引他们，提高孩子们使用互联网的水平和素养，让他们把兴趣点和求知欲转移到正确的轨道上。网络除了用来娱乐以外，更是学习知识、探索世界的工具。对于“网络成瘾”的孩子，也要为他们开展心理辅导，密切关注其思想动态，关注他们成长过程中的各类需求，给孩子营造出积极向上、健康和谐的学习和生活氛围。

第二章 爱是一门学问

一、爱要有尺度：溺爱不是真正的爱

钱龙的故事

有一对姓钱的夫妇，30 多岁才生了一个可爱的大儿子，夫妻俩喜出望外，如获至宝。他们给孩子起了个皇帝的名字，叫“钱龙”，并且真的把儿子当成皇帝来养育，甚至可笑地把儿子穿的衣服叫“御袍”，吃的饭叫“御膳”，把教孩子的老师叫作“太师”，把给孩子看病的医生叫作“御医”，让孩子自称“朕”。他们对儿子宠得没边儿，要五块给十块，要五十给一百，真是捧在手里怕摔着，含在嘴里怕化了。

钱龙在父母的一味宠惯下长大，渐渐养成了以自我为中心、自私、乖张和无法无天的性格。在家里总是说一不二，即便是不合理的要求也一定要父母满足。用他自己的话说，就是“我要干的事，就一定得干；我想要的东西，就必须得到，所有人都要围着我转”。

钱龙虽然脑瓜很灵，但是却不好好学习，自由散漫，不完成作业，课上顶撞老师，还扰乱课堂秩序，不仅让同学都得听他的，还要求老师也按他的意愿做，是学校里出了名的“小淘气”。进入青春期后，他变得更加叛逆，把头发染成红色，烫成“斑马式”，一心追求奇装异服，并且养成了吃喝玩乐、肆意挥霍的毛病。初中才念了两年，他便辍学在家，学会了吸烟、酗酒，还沉迷于网络游戏，经常出入网吧，16岁就交上了女朋友。

交了女朋友后，钱龙需要更多的钱来供他挥霍。终于，一贯宠溺他、对他有求必应的父母，也没有能力来承担他变本加厉的非分要求了。“没有钱，就去抢！”向来“没有得不到的东西”的钱龙，脑子里自然而然地冒出了抢劫的歪念头。

一天晚上，正赶上钱龙手头没钱了，恰好在路上遇到一位下夜班独行回家的女护士。钱龙对她进行殴打，抢走了人民币2000余元和挎包里的财物，并致其轻微伤。事主报案后，钱龙于当晚被抓获归案，后因涉嫌犯抢劫罪被起诉至法院。

钱龙的行为不仅伤害了被害人，毁了自己的前程，也给家人带来了痛苦。他的母亲整日以泪洗面，而他自己最美好的青春年华，也将在监狱里度过。

钱龙的故事虽然有点儿可笑，但却有一定的代表性。首先，他有完整的家庭和非常爱他的父母，而且父母一直守护在他的身边，陪伴他的成长。其次，他的家庭条件比较优越，父母也舍得在他身上花钱。再次，他享有良好的学习环境，父母倾全家之力让他上重点小学、中学。这些，按说都是有利于孩子成长的积极因素，可是怎么到了钱龙这儿，好事变坏事，成了导致他违法犯罪的有害因素了呢？我想，这其中的原因，都是由于钱龙的父母没有把握好爱的“度”，以致将“爱”变成了“害”。

爱孩子也要有理有节

钱龙的行为触犯了法律，对于他的父母来说，犹如晴天霹雳、当头一棒，好端端的一个孩子，怎么会突然之间变成了抢劫犯呢？但钱龙从最初的“小淘气”变成“大麻烦”，有一个变化过程：小时候在家里没规矩，上学后在学校不遵守纪律，长大后到社会上目无国法。这一切都是由于父母对他缺少理智、没有限度的溺爱造成的，这种溺爱，使他的性格出现了问题。

防止走歪路，要从“小”抓起

首先，把孩子当皇帝来养育，会让孩子自以为是“凌驾于万人之上”的统治者。虽然家长心甘情愿为孩子做牛做马，但他们却忽视了，这种宠惯在孩子幼小心灵中播下的却是“可以唯我独尊，不受任何约束，世界都要围着我转”的种子。

其次，有的家长认为，把钱花在孩子身上，把心放在孩子身上，就是爱孩子了。由于把孩子当皇帝来养育，所以从不吝啬在孩子身上花钱，给孩子买昂贵的高档食品、名牌衣物。但家长是否想过，这会让孩子形成非分享受、奢侈、讲吃穿、爱虚荣的坏习惯呢？

再次，由于把孩子当皇帝来养育，许多本应当让孩子自己学着去做的事，家长全部“包办代替”，对孩子百般呵护，怕孩子哭，怕孩子累。但家长却从没想过，这种做法对孩子来说无疑是一种剥夺——剥夺了孩子学习、锻炼的机会。在这种呵护下，孩子会像温室里的花朵，身心孱弱，经不起风霜和挫折，只会变得懒惰、无能。

其实，很多家长并不是不知道娇惯孩子不好，但由于“舐犊情深”的天性和对溺爱的危害缺乏理性认识，他们没有抓住依恋期这个孩子人格培养和行为习惯养成的最佳时期，同时也不懂得矫正孩子不良行为的方法，导致孩子的不良习惯在容忍和放纵中一次次被强化，以至于最终导致严重的后果。

预防未成年人犯罪，应当从“小”抓起。钱龙虽然在16周岁后犯罪，但问题并不是进入青春期后才出现的，很多问题都产生于幼儿时期，是父母在早期家庭教育中的缺陷造成的。因此，预防未成年人犯罪，一方面要从小时候抓起，幼儿时期正是开始学知识、长见识的时期，也正是思想活跃但是非观念模糊的时期，容易接受好的东西，也容易被坏的东西所侵蚀。从这个时期开始，给孩子正面的引导，加强是非观念的教育，就可以从源头截流，防止孩子在长大后引发“大麻烦”。另一方面，要从小事、小处抓起。即从孩子那些细小的、轻微的不良行为抓起，以免“小淘气”变成“大麻烦”。

亲情加规则，才是真正的爱

那么应当怎样从小对孩子进行教育呢？

正确的家庭教育应当是亲情加规则。爱孩子就要为孩子的终身幸福着想，从小培养其善良的性格和规则意识，这才是真正的爱、科学的爱。根据著名犯罪心理学专家李玫瑾教授的研究[①]，为满足孩子成长的需求，适当的物质抚养固然重要，但是仅有物质抚养的家庭教育是不健全的，心理抚养比物质抚养更重要。 从孩子小时候起，父母就应当从以下几方面来教育孩子：

（一）六岁前要对孩子说“不”，对其进行挫折教育。

李玫瑾教授认为性格是后天形成的社会行为方式，孩子性格的培养发生于六周岁以前，主要由父母实施。[②]在孩子刚学会说话、执意哭闹时，父母要有意地对他说“不”！找个他任性的事情，狠下心来，看着他，让他哭个痛快。要注意“四不做”：第一不要骂他；第二不要打他；第三不要在他闹的时候给他讲道理；第四不要走开，要陪伴在他身边，给孩子一个父母还是爱他的态度——以无声静观的方式让孩子知道：哭闹没有任何用处，家长说不行的事，你再闹也没用！这是有意识地给孩子传递一个信息，就是一个人的愿望是要受到约束的，很多事情是不能随心所欲的。

此外，六岁之前要对孩子进行延迟满足教育，让孩子学会“等待”，在期待中获得满足，不要孩子一提要求立刻就去满足他。方法是有意带他去商店，看完一个玩具不要当天买回，要让他知道：这买玩具的钱相

① 李玫瑾：中国人民公安大学教授、博士生导师，著名犯罪心理学专家，中国青少年犯罪研究会副会长。心理专家聊 6 岁前心理抚养很重要（实录）(5) http://baby.sina.com.cn/news/2011-11-10/101451318_5.shtml，2018 年 9 月 8 日访问。

② 李玫瑾：李玫瑾教授讲幼儿教育：6 岁之前怎么管，讲得真好，受益终生 http://k.sina.com.cn/article_2092032733_v7cb1e2dd019004ul3.html，2018 年 9 月 8 日访问。

当于家庭什么样的开支。若要购买，需要等爹妈上班挣钱，需要家里节省开支，计划后才能买回。这样，才能让孩子学会珍惜，知道“一粥一饭当思来之不易，半丝半缕恒念物力维艰”。

在钱龙的故事里，其父母从未对他说过“不”，致使他长大后不计后果，肆意妄为；同时，由于缺少延迟满足教育，使得钱龙长大后不懂珍惜，随欲望而动。

（二）要舍得让孩子吃点苦、受点累。

李玫瑾教授指出，孩子的成长需要“爱”，但爱的本质、爱的表达可不仅仅是给予，不仅仅是满足，更不是百般的迁就，不是让孩子永远地感受“快乐”！人生中的生与死，相遇与离别，快乐与痛苦，从来都是成双成对地出现的，成长中的孩子也必须经历“成对”的教育，必须让他经历心理上的苦和甜、顺利和挫折、轻松和劳累。

孩子的健康成长不仅需要爱，同时还需要经受点苦与累的锻炼。要让孩子明白美好的东西不能只是坐着“伸手要”，而应当靠自己的努力争取到。吃“苦”受“累”，经受挫折，也是孩子成长必不可少的营养剂，可以培养孩子许多优良的品质，让孩子锻炼得自信坚强。

（三）爱孩子的同时，也让孩子学会爱。

现在，独生子女大都是在众星捧月似的家庭中成长的。有的父母对孩子百依百顺，给他们无限的关怀和疼爱，却不注意启发孩子爱父母、爱他人的情感，久而久之，就会使孩子认为众人对他的爱是天经地义的，差一点儿都不行，不懂也不会去爱别人，更不考虑他人的感受和需要。

一位母亲曾经告诉我一件非常令人伤心的小事：在一个炎热的夏天，

她带四岁的儿子到公园游玩时，儿子说渴了，母亲让儿子坐在树荫下等，自己顶着烈日跑到附近小卖部买来一瓶可乐。孩子喝了一半交给了母亲，母亲以为孩子不喝了，就想自己先解解渴，一会儿再买新的。没想到，刚喝了一口，儿子一巴掌就把瓶子打掉在地上，大声喊叫："这是我的，不让你喝。"这位母亲当时就愣了，眼泪差点流下来。她非常伤心和不解，自己对儿子无微不至地疼爱和照顾，可为什么儿子对自己的妈妈却这样自私无情！我帮她分析后告诉她：这正是你对儿子一味单向地施爱，却没有对孩子进行情感教育形成的后果。一味地关爱孩子而不教育孩子关爱他人，就会使孩子形成强烈的以自我为中心的意识，不懂得爱父母，不知道关心他人。

因此，情感教育要早抓，父母要在孩子幼小的心灵中播下爱的种子，使孩子知道父母为他们的成长付出的心血和汗水，意识到父母的养育之恩，从而产生同情心和体贴情。

科学的爱是一种理智的爱，是爱与教育、爱与规矩的结合。从小进行这种"决定终生的性格培养"，孩子长大后才会形成强大的心理和生理承受能力，以及遵纪守法的个性品德。

二、爱要讲原则：大是大非不容混淆

危险的偶像

16岁的何佳（男）是某中学初中三年级学生。上小学时他品学兼优，六年级那年他曾因品德好、学习好、特别爱帮助人，被评为“赖宁式”好少年。何佳的父母都是国家某科研单位的工程师，因为大女儿先天残疾，所以对聪明伶俐、比姐姐小7岁的小儿子格外宠爱。在何佳上初中后，父母为了方便他查找学习资料，专门给他买了一台苹果MacBook Pro笔记本电脑。

何佳喜欢阅读文学作品，尤其是人物传记。自上初中后，他读了希特勒的自传《我的奋斗》，便对希特勒产生了崇拜之情，跟父母嚷嚷着要在房间里挂一面纳粹党旗。于是，爱子心切的母亲竟然买来布料，缝制了一面大大的“卐”字旗，挂在儿子的房中。

自那时起，何佳每天放学回家后，都要在挂着“卐”字旗的房间里阅读《我的奋斗》。渐渐地，他对强大的武力越来越向往，但毕竟对他而言，像希特勒那样领导国家军队太过遥远，于是他就想至少要有一把自己的手枪。再加上何佳个子瘦小，在学校经常受欺负，如果能拥有一把真枪，也可以拿来吓唬那些欺负他的同学。这个念头在何佳的脑海中越来越强烈，尽管已经有了30多把玩具手枪，可他仍不满足，一心想要玩一玩真枪。

一个偶然的机会，何佳得知有个地方出售枪支。于是，他偷偷地将笔记本电脑押给了一个商贩，换来人民币5000元，包了一辆出租车赶到当地，用2400元购买了3支“五连发钢珠仿真手枪”和20多发子弹。拿着买来的“黑枪”，他欣喜若狂，回到学校后，不时在伙伴面前炫耀。他还将一支仿真手枪送给了一个要好的同学，将另外两支仿真手枪和子弹藏在了自己房间里。他经常关上门在房间里把玩，甚至还跑到学校的厕所里去试枪。

一天晚上，何佳带着一支五连发钢珠仿真手枪和一个同学到一幢高层楼房的工具房里玩枪，一玩就是整个通宵。那个同学的父母因孩子彻夜未归而心急如焚，找了一夜，第二天早上终于找到了他们。匆忙中，何佳将装着仿真手枪的书包落在了工具房里，后被清洁工人发现并报了案。

公安机关起获仿真手枪后，经鉴定：该仿真手枪在近距离内，对人体具有杀伤力，属于我国法律严格禁止私人持有的枪支。何佳因此被查获归案，他藏在房间里的仿真手枪和子弹也被起获，后他因涉嫌犯私藏枪支罪被起诉至法院。

爱子被抓，父母心急如焚。与此同时，大墙内的何佳心里也在叫冤，他不明白自己为什么被戴上了手铐。法官告诉他："我国法律规定，除了法定可以配备枪支的人员外，其他任何个人不得私藏任何种类、制式的枪支。否则，即视为犯罪，应当追究刑事责任。"法官进一步对他说："你作为中学生，持枪虽然只是为了玩耍和炫耀，没有用来作案，但试想，如果你身边的同学非法私藏具有杀伤力的枪支，你能安心地上课和学习吗？而且，少年的自我控制能力弱，万一玩枪走了火，或与别人发生争执时把枪用来作为武器，那后果将是怎样的呢？幸亏公安人员及时查获了你的枪支，你的行为才没有造成严重的后果呀！"何佳听了法官的话，使劲点了点头……

何佳违反枪支管理规定，私自藏匿枪支，其行为已构成私藏枪支罪。鉴于其犯罪时未满成年，本着"教育、感化、挽救"的方针，法院对何佳从轻处罚，判处有期徒刑两年，缓刑两年。

明是非知规则，行为才能不越轨

故事中的何佳拥有良好的家庭环境，并享受着优质的教育资源，似乎跟违法犯罪一点都沾不上边，可残酷的事实却摆在眼前，到底是什么原因导致他行为越轨乃至犯罪呢？

一是父母的溺爱导致何佳养成了任性、胆大妄为的性格。

什么是任性？任性是任意而为，不听取别人的意见。我在经手这个案件时了解到，何佳的父母都是享受国家特殊津贴的工程师，对自己的儿女抱有很高的期望，大女儿的先天残疾使他们把这种期望全部寄托在小儿子何佳的身上。在教育培养方面从不吝啬：为了让他锻炼身体，足球、排球、篮球、羽毛球、乒乓球都给他备齐了；为了培养他的艺术修养，给他买了小提琴、钢琴、萨克斯，并请专业老师进行一对一辅导。此外，父母每周都要亲自送他去参加外语、书法、绘画等各种课外辅导班。

在生活上，父母对何佳更是关怀备至、有求必应。何佳爱吃零食，凡是能买到的零食，父母都让他尝个遍、吃个够，超市里各种昂贵的进口食品都买来给他吃；青春发育期的何佳懂得爱美了，凡是他看上的名牌衣服，父母都是说买就买，毫不犹豫。为了给儿子提供优越的物质生活条件，何佳的父亲经常外出讲课赚取讲课费，他的母亲则经常在深夜里给出版社校对稿件来增加收入。何佳从小就被父母捧在手心里，但他却从未想过父母工作的辛苦不易，甚至连父母的生日是哪一天都不知道。

何佳的父母倾其所有爱护儿子，却唯独没有给予他思想上和精神上的正确引导。父母的娇惯使何佳愈发放纵，在他眼里，没有他得不到的东西。何佳极度膨胀的欲望在握枪的感觉和清脆的枪声中得到了满足，但是他却不知道，私藏枪支的行为会对社会安全构成严重威胁，触犯了法律底线。

二是何佳的家庭教育中缺乏挫折教育和规则意识教育。

家庭教育中应当有挫折教育，凡是不该做的事情，无论孩子怎样要求，父母也不能心软答应。通过这种方式，让孩子明白自己的行为要受到道德、纪律和法律的规范和约束，要对自己的行为后果负责。

家庭教育中也不能缺少规则意识的教育。在这个故事中，何佳的父母从来没有培养孩子的规则意识，使何佳习惯了为所欲为，连枪这么危险的东西都敢买来玩。

三是何佳缺乏正确的是非观念。

何佳从小在父母的溺爱中长大，没有树立起正确的是非观念。在何佳开始崇拜希特勒的时候，身为高级知识分子的母亲却因为爱子心切，没有及时指出希特勒是发动第二次世界大战的法西斯头子，他给人类带来了巨大的灾难，不应当作为崇拜、模仿的偶像。直到何佳触犯刑法后，他的父母才意识到自己在教育孩子方面的失误。他们主动把家里那面纳粹党旗摘了下来，换上一张骏马图，希望何佳在今后的成长中能骏马扬蹄，一往无前。

在父母、老师和法官的帮助下，何佳的思想发生了很大的转变。法官要求何佳多读书，读好书，使自己充实起来；学习法，懂得法，使自己明智起来；选择一条正确的人生之路。何佳过去学习成绩总不及格，经过这件事后，他的成绩经常是优良。他还主动帮助邻居修理电器，为社区拉土铺路。何佳又变成了一个好少年，后来还考取了一所自费大学。

帮孩子确立正确的偶像

何佳的故事也给广大家长朋友们提了个醒：父母是孩子成长的首要奠基人，我们不仅要保护孩子的身体健康和生命安全，还要关心孩子的心灵健康和精神需求。家长在为孩子提供优越的物质条件的同时，也要在精神上、思想上给予孩子正确的引导。父母要教育孩子从小学会明辨是非。随着科技的发展，现在我们获得信息的渠道越来越开放、便捷，一些有害的信息也难免混杂其中，比如网络游戏中掺杂的暴力、色情信息，对成长中的孩子具有错误的诱导作用，孩子如果不能正确辨别，就会受到毒害。如何避免孩子受到负面信息的影响呢？重中之重就是要提高孩子明辨是非的能力。家长们可以采取一些恰当的、孩子能够接受和理解的方式告诉他们孰是孰非。

有专家指出，孩子升入初中后进入了青春期，这是一个人奠基立志的重要阶段。这个时期的孩子有着非常强烈的模仿倾向，他们往往会选择一位偶像，作为自己崇拜、学习和模仿的目标。

如果父母抓住这一时期孩子身心发展的特点，多给孩子讲一些伟人的故事，多为孩子提供一些真正伟大、优秀人物的传记，让孩子从中挑选，确立自己的偶像，那么可想而知，这些伟人的奋斗故事一定能够对孩子的成长起到激励的作用。

相反，如果孩子像这个故事里的何佳一样，选择了错误的偶像，后果可能会非常严重，甚至带来大麻烦。这时候，家长也不必强行禁止，不妨采取点策略，给孩子列举两个相类似的正面例子，比如，可以讲一讲毛泽东的故事、拿破仑的故事，帮助孩子跟希特勒进行对比分析，让孩子自己得出是非判断。这样，既保护了孩子对某一领域的学习兴趣，同时也防止了孩子被错误的偶像误导，迷失方向。

三、爱不是纵容：社会不会为你的溺爱买单

小霸王养成记

韩辉（男，16岁）是一名初中三年级学生，他是家里孙辈中唯一的男孩。在他幼小的时候，两边的老人都喜欢得不得了。在爷爷家没住上几天，姥姥就来电话催着让过去，为这个双方还闹过不愉快。韩辉的父母都是国家干部，工作特别忙。他们想，还不如固定下来，爷爷家住一个星期，姥爷家住一个星期。就这样，韩辉在四位老人的宠爱中一天天长大。

在姥姥家里，韩辉说一不二，是名副其实的小皇帝。姥姥姥爷外加三个姨，都宠着他，想方设法地哄他高兴。大姨的手表放在柜子上，韩辉拿过来用小锤子一砸就坏了。大姨刚想批评他几句，姥姥马上把话头接了过来："你那个破电子表也不值几个钱，砸就砸了。"看见外孙害怕的小样，姥姥一把搂到怀里："看我外孙子砸得有多准，一锤子一个！"

有姥姥撑腰，韩辉变得有恃无恐起来，三个姨的手表都被他砸坏过。

到了奶奶家，韩辉更是有恃无恐。奶奶的针线筐里放着一把小锥子，韩辉看着有意思，拿起锥子就扎奶奶的手。奶奶不生气，反而说："看我孙子，扎得还挺准。"韩辉受到这样的鼓励，觉得挺好玩，又举起了锥子，奶奶只是嗔怪地说了句："好孙子，行了，奶奶知道你扎得准，我给你拿巧克力去。"

上初中后，韩辉回到了父母身边。父母早已发现儿子有不良行为，准备接回家后严加管教。但他们很快发现，一旦错过了孩子的最佳管教时机，再想管教就很难，特别是从小养成的坏毛病，更是积重难返。比如，韩辉要洗脚，张口就喊："妈妈，洗脚水！"妈妈想，他的毛病也不是一天两天养成的，还是一点一点改吧，就把洗脚水给他端来了。他把脚往水里一伸，觉得有点热，一脚就把盆子踢翻了；同样，如果水凉他也会一脚把盆子踢翻。遇到这种情况，父母也就是说几句，顶多给两巴掌，韩辉一哭一闹也就完事了。

让父母感到欣慰的是，韩辉天资聪明，学习成绩还不错，考上了重点中学。他身高 1.82 米，还善于长跑，在区里的运动会上也取得过名次。韩辉身上的这些亮点让父母产生了错觉，以为自己的孩子还不错，长大了自然就会懂事起来，因此也就放松了对他的严格要求。就在父母为孩子的学习成绩感到沾沾自喜的同时，韩辉唯我独尊、顽劣不羁的个性也愈演愈烈。与同学相处时，一句不中意的话就能让他大发雷霆。渐渐地，同学们都与他疏远了，谁愿意和这样的人交朋友呢？韩辉耐不住寂寞，就找低年级的学生玩，在那些普遍比他矮一头的小学生堆里，他可以随便发号施令，感觉好极了……

韩辉喜欢唱歌，尤其喜欢港台歌曲。一次，他听说香港某歌星在首都体育馆开个人演唱会，就拉着小伙伴一起去看演出。小伙伴说没钱买票，韩辉觉得自己一个人看没意思，就拿自己的零花钱买了 3 张票，每张 80 元钱。票是买了，可他又有些不情愿，那可是攒了好长时间的零花钱啊！可自己大话已经说出去，也不能跟同学要啊！跟父母要也不行，父母本来就认为都初三了，应当集中精力好好学习，伸手要钱不是找挨骂吗？怎么办呢？他想了一个自认为不错的主意。放学的路上，他在一个僻静处堵住两个低年级的同学伸手要钱。一个小学生害怕挨他的拳头，乖乖地掏出 80 元钱给了他。另外一个小学生磨磨蹭蹭地不愿意掏，他不容分说，便抡起胳膊狠狠地给了人家一个耳光。小学生的半边脸当时就肿了，哇的一声哭了起来，他赶紧跑了。

虽然只是一个耳光，但后果却非常严重，小学生被打伤，经医院诊断为左耳膜穿孔，经鉴定属轻伤。事情发生后，韩辉的父母想用钱来“摆平”这件事，但对方家长坚决不答应，到公安机关报了案，后将韩辉抓获归案，韩辉因涉嫌犯故意伤害罪被起诉至法院。

谨防“隔辈亲”变成“隔辈溺”

不给钱，就打人，而且出手那么狠，韩辉年龄不大，看起来也文质彬彬的，为什么会有如此蛮横的行为呢？经过深入调查我发现，答案就藏在他只有祖辈的溺爱而缺少父母教育的童年生活中。

习惯是强化出来的

强化是对幼儿进行教育的有效手段之一，当孩子出现一种良好的行为时，成人给以夸奖，孩子受到这种肯定性的强化就愿意再重复这种良好的行为，时间长了就养成了良好的行为习惯。相反，在孩子年幼时，如果成人对其错误行为进行强化，就会对孩子产生负面的效应。韩辉的姥姥和奶奶对韩辉砸坏手表、用小锥子扎人的错误行为，不仅不加以批评制止，反而还纵容包庇。要知道，孩子的不良行为一旦得到肯定性的强化，他就会乐于再去重复这种行为，久而久之，就会形成不良习惯。俗话说，“少成若天性，习惯成自然”，韩辉小时候的不良习惯未得到及时的纠正，为他日后的打人行为埋下了祸根。所以，家长们一定要知道，幼儿时期正是良好习惯的塑造期，这一时期的教育会深深地印刻在孩子的大脑和心灵中。

韩辉的父母万万没有想到儿子会成为少年犯。韩辉闯祸后，他的母亲起初还不以为意：“不就是小孩子打架吗？有什么了不起的！”当他们知道事态的严重性后，才开始反思自己作为父母在孩子幼年成长过程中将教育监护责任完全交给老人，而自己放任不管的失职。

在审理此案期间，我还曾与韩辉的爷爷奶奶、姥姥姥爷交流过。他们异口同声地跟我说：“这个孩子之所以会发展到这个地步，就怪小时候我们太宠着他了。就这么一个孙子，真是要星星不给月亮。他的父母工作忙，我们也都有文化，觉得对孩子进行早期教育不成问题。我们教他背诗、认字、画画。韩辉很机灵，一学就会，很招人喜欢。可我们就是疏忽了一点，没有教给他做人最起码的善良与理智。等到上了中学发现孩子的毛病，再讲道理他已经听不进去了；再给他立规矩，已经很难改掉他的坏习惯。原想着‘船到桥头自然直’，长大就好了，没想到捅这么大娄子，害了别人，也害了自己啊！”

习惯培养应当从小抓起。陶行知先生曾说过：“6岁以前是人格陶冶最重要的时期，这个时期培养得好，以后只需顺势培养下去，自然成为优秀分子；倘若培养不好，那么习惯成了不易改，倾向定了不易移，态度坏了不易变。”有的家长总认为孩子小，挂在嘴边的口头禅就是：“跟吃奶的孩子较什么劲呀。”其实，这是一种认识上的误区。古人早就有“三岁看大，七岁看老”的认识和“融四岁，能让梨”的教育美谈，现在的孩子发育好，接受新事物、新信息多，更是聪慧早熟。父母们在进行儿童早期智力开发的同时，一定要让品德教育同步进行。

韩辉就是幼年时在祖辈的娇宠溺爱之下，长期霸道娇纵的行为未被制止、反被强化，逐渐形成了对待家人缺少尊重、对待同学缺少友善的不良性情。就这样，韩辉幼年时期的小恶最终演变成了违法犯罪的大恶，不仅损害了无辜少年的身体健康，还让自己本应幸福安宁的家庭充满悲伤，也用自己的青春和自由付出了法律的代价。

隔辈抚养问题多

韩辉的成长过程很典型地反映了隔辈人抚养孩子的问题。隔辈人虽然在养育孩子时更有经验和耐心，但是也更容易产生纵容孩子的问题。

俗话说“隔辈亲”，老人们对孙辈往往疼爱有加、关怀备至，对孙子孙女不合理的要求也有求必应，一律满足。

同时，隔辈人抚养还存在着老年人的教育观念跟不上新形势的问题，在抚育孙辈时往往从补偿心理出发，尽力在吃、穿、玩、用上给孩子最好的物质享受。如此一来，就很容易使孩子形成虚荣心强、爱攀比的不良品质，韩辉也正是在物质欲望的驱使下才产生了向低年级同学强拿硬要的歪念头。如果韩辉的爷爷奶奶、姥姥姥爷在抚养孩子过程中能够注重培养他善良的性格和正确的是非观，那么前面说的这个故事也许就不会发生。

我建议父母朋友们，即使工作再忙，压力再大，也不能将抚养教育孩子的重任全部交由隔辈人便不再过问。父母亲自抚养教育有利于孩子的健康成长，即使由隔辈人分担抚养压力，自己也不能完全放弃抚养教育孩子的义务。就像故事里韩辉的父母想在韩辉度过幼儿期后再对其自私、蛮横、霸道的坏习惯进行纠正，却发现为时已晚。这是因为孩子长期被祖辈溺爱，一旦错过了性格形成的黄金期，当不良习惯形成后，孩子就很难再接受父母的教导了。

所以说，父母要格外重视孩子的早期教育。日本教育家岸井勇雄就将教育比喻为大树，树的根部为幼儿教育，树干为中小学教育，茂密的枝叶为高等教育。首先要培育好根苗，根深才能叶茂。韩辉的父母认为“树大自然直”，孩子长大了自然就会懂事。事实上，从小长弯了的树，长大后是很难直起来的。要想使小树长得又高又直，必须从小修剪枝杈；要想让孩子长大成材，也必须从小进行培养和教育。

四、爱不能缺位：父母的爱不可替代

“多”出来的孩子

陈璇（女，17岁）是违规超生的孩子，她的父母都是公务员，还有两个品学兼优的姐姐，都在上大学。因为父母怕受处分，便把襁褓中的陈璇送给亲戚抚养，后亲戚生育了自己的孩子，对待陈璇的态度便发生了转变，觉得陈璇是个多余的人。在亲戚家，陈璇经常受到冷眼和无端挑剔，别人都嘲笑她是爹妈不要的孩子。

陈璇8岁时，才被父母接回家。童年时期被“遗弃”的遭遇，给陈璇的心里留下了深深的创伤，她把这种伤痛转化成对父母的怨恨。她不愿意见到父母，这让她想起他们曾经抛弃了自己；她也不愿意看到姐姐，她觉得姐姐的童年比自己要幸福得多，这让她感到更加不公平。

由于认为自己是个没人要的孩子，陈璇内心深处不免很自卑，她不爱与人交往，也不喜欢说话，经常把自己一个人关在屋里不出来。初二时，进入青春期的陈璇沉迷于网络游戏，经常逃学，甚至连续几天吃住在网吧。父母为了让她戒掉网瘾，曾给她下跪，也用麻绳鞭打过她，但都无济于事。童年的阴影成了陈璇心里过不去的一道“坎儿”——你们早干吗去了？小时候不要我，现在凭什么管我？

终于有一天，陈璇忍受不了父母的打骂，赌气偷拿了家里3000元钱，离家出走来到北京。她一到北京就买了张北京地图，专找大学相对集中的地区，白天在各个大学里四处游荡，晚上则在网吧过夜，钱很快就花光了。身无分文，又不想回家，该怎么办呢？陈璇开始打起大学生的主意。她把自己打扮成大学生的模样，背着书包，戴着眼镜，跟着大学生一起上课下课。陈璇大多选择在上大课或食堂等人多、嘈杂的场合，趁人不备，偷拿他人的手机、笔记本电脑等。

一次，当她在某大学自习室偷拿别人的电脑时，被学校的保安当场抓获。经调查，她先后五次盗窃财物，价值人民币六千余元，陈璇因涉嫌犯盗窃罪被起诉至法院，后被判处有期徒刑十个月，缓刑一年，罚金人民币1000元。

陈璇触犯法律惹下大麻烦，原因是多方面的，主要有以下几点：

首先，父母在孩子的依恋期千万不能缺席。

根据著名犯罪心理学专家李玫瑾教授的研究[①]，家庭教育的最佳时期是12周岁之前，这个阶段被称为“依恋期”。在依恋期中，1—6岁

① 李玫瑾：孩子依恋父母，家教才有效果。http://www.sohu.com/a/73598996_119778，2018年9月8日访问。

最为关键。在这一时期，只有建立了幼儿对抚养人的依恋，他们之间才能发生一种“心理上的依赖”。如果没有这一抚养过程和依恋现象，父母与子女之间的亲情就很难深度构建，从而产生心理隔阂。父母就很难支配和控制孩子的心理，也就无法让孩子心甘情愿地接受父母的要求和观念。

由于依恋期是人格形成的关键时期，是父母与子女心灵沟通的重要阶段，也是培养父母与子女之间亲情的黄金期。父母作为孩子成长的首要奠基人，应当亲自抚养自己的孩子，而不能把抚养的职责推给他人。在这个故事中，陈璇家境良好，两个姐姐全都品学兼优，而她却成了经常逃学的“问题少年”，甚至离家出走，因犯盗窃罪被逮捕。同一个家庭的孩子竟有如此大差别的原因，便是孩子“依恋期”父爱与母爱的缺失。在陈璇成长的关键阶段，她缺少了与父母之间的亲情构建，因此上中学后父母的爱似乎来得太晚了。可见，父母在该尽义务的时候偷了懒，将来早晚要以另一种方式来偿还。

其次，对于青春期孩子的教育要讲方法。

青春期被称为人的“第二反抗期”，也被称为“心理断乳期”，还是早期教育缺陷的补救期。青春期最大的特点便是独立意识增强。这一时期的显著特点是，亲子关系下降，伙伴关系上升，孩子希望自己的事情自己做主，而不希望父母干预，希望能够取得更多的自主权，所以他们开始回避跟父母谈个人的事情，比如考试的分数、交友情况等。所以，从这时起，父母会感觉到自己对孩子的控制能力明显减弱了。

故事中，陈璇在回归家庭后，恰好进入了青春期，独立意识和逆反心理增强，我行我素，沉迷网络，不听父母的管教。而陈璇的父母面对陈璇的逆反，不仅没有反思自己在教育监护女儿中的问题，反而嫌弃、责怪女儿，甚至动手打骂。这更加剧了陈璇与父母之间的矛盾和隔阂，导致她夜不归宿、离家出走。

法庭上的成人礼

这个案子法官没有简单地一判了之。为了解开陈璇的心结，开庭前，法官与陈璇的父母进行了耐心的沟通，让他们认识到在教育女儿方面存在的失误，并叮嘱他们准备一封情真意切的致歉信，在法庭上宣读，希望能够重新建立起与女儿的亲子关系。

在庭审中，法官让陈璇的父母讲述了他们当初迫不得已将陈璇送人时的痛苦和无奈，以及陈璇被羁押期间父母对她的牵挂和担心，让陈璇了解到父母的苦衷和关爱。陈璇也终于认识到自身存在的偏见，含泪向父母倾诉了内心的真实想法。陈璇的母亲说："以前打得再狠，也没见俺三妮儿掉过一滴泪。多亏法官的帮助，让我们听到了孩子的心里话，以后再也不打孩子了！"

通过对陈璇的细致了解，法官觉察到，陈璇的善良本性并没有泯灭，她只是因为童年时缺少父母的关爱和深度构建的亲情，与父母产生了隔阂才导致犯罪的。如果法庭简单地宣判，那么陈璇和父母的矛盾就不能从根本上化解，也无法彻底挽救这个失足的女孩儿。为了让陈璇感受到家庭的温暖，恢复她与家人之间的亲情，也为了进一步巩固法庭教育的成果，法官决定和她的亲友配合，特意选择了陈璇 18 岁生日当天进行宣判，并在法庭上为她举行了一次意义深刻的成人礼。

合议庭宣判后，陈璇的父母和两个姐姐都为她带来了写满亲情与祝福的贺卡。法官也为陈璇送上了精心制作的寄语，和她的亲人一起为陈璇准备了生日蛋糕，唱响生日歌曲。当陈璇听到她的妈妈说“我们已经准备好迎接一个崭新的你回家”时，长期与父母心存隔阂的陈璇禁不住失声痛哭，她表示一定不辜负亲人和法官的嘱托，将这个难忘的时刻作为自己重获新生的起点。

现在的陈璇不负众望，她孝敬父母，刻苦学习，考取了一所职业学校，还加入了共青团，成了一名幼儿教师。而那个让她难以忘怀的法庭审判和成人礼，则为她开启了新的生活，成了引导她寻找正确人生方向的航标。她说：“我的童年是不幸的，但我选择这个职业，是希望通过我的努力，让更多的孩子拥有幸福的童年。”

过生日，不是吃蛋糕而已

这个故事还带给了我们一个重要的启示。每对父母都会给自己的孩子过生日，但大家是否认真想过，给孩子过生日的意义到底是什么？过生日只是送礼物、吃蛋糕、吹蜡烛、许个愿就够了吗？

其实，过生日的真正意义应当是告诉孩子：你又长大了一岁。而长大一岁意味着什么？意味着孩子所要承担的责任又增加了。尤其是在几个关键的节点上——如 8 岁、14 岁、16 岁等，都意味着孩子在法律上的权利义务增加了。过生日是父母对孩子进行法治教育的最佳时机，也是更容易让孩子谨记和接受的方式。过生日还要让孩子知道法律的意义：第一是享有权利，让孩子认识到守法的人才能享有法律的保护，享有健康、安全和自由；第二是履行义务，让孩子认识到自己的行为要受到法律的约束，违法犯罪行为会受到法律的惩处，甚至会被剥夺自由。学法知法不仅是接受教育，也是寻求公平的体现。

8 周岁：孩子年满 8 周岁后，就是民法总则上规定的限制民事行为能力人了，应当知道要对自己的哪些行为负责。

14 周岁：孩子年满 14 周岁后，便已进入相对刑事责任的年龄阶段了，对故意杀人、故意伤害致人重伤或者死亡、强奸、抢劫、贩卖毒品、放火、爆炸、投毒等八种严重故意犯罪应当承担刑事责任。

16 周岁：孩子年满 16 周岁后，就是完全刑事责任能力人了，一旦触犯刑法，就要承担刑事责任。

家是心灵的港湾，而爱则是家的灵魂，充满爱的家庭才能培育出善良的孩子。如果一个家庭缺少了爱，缺少了亲情的维系，那么家庭的教育功能就会大大弱化，甚至完全丧失。更严重的是，如果未成年人从家庭中感受到的是冰冷，便会将这种冰冷投向更多的人、家庭乃至社会。所以，当一个孩子心中的寒冷积重难返时，只有爱的温暖火光才能点亮甚至改变他的人生。

五、省心的孩子也需要关爱

想当英雄的小淘气

16岁的中学生陈力（男），出生在一个知识分子家庭，他是家里的独生子。其父是科研机关的骨干，连续多年在国外讲学；其母是外科医生，经常值夜班。他们虽然事业都很成功，但却都没有时间照顾孩子。陈力的童年几乎是书包里背着饭盒、脖子上挂着钥匙过来的。

陈力是个聪明的孩子，虽然父母没怎么管他，但他的学习成绩一直都很优秀，还进了学校的奥林匹克数学班。陈力很爱看书，初中二年级进入了青春期后，他开始迷恋上了武侠小说，金庸、古龙、梁羽生的作品都看遍了。他特别崇拜书里刻画的那些武功高强的侠客，觉得他们武功出神入化，行侠仗义，快意恩仇。相比之下，学校里老师讲的黄继光、邱少云、雷锋等英雄人物，身上少了许多传奇色彩，就显得逊色多了。

渐渐地，陈力心里萌生了想当英雄的念头，可他个子不高，身子骨也很单薄，从小就没跟人打过架，要想当英雄首先“硬件”条件就不够。另一方面，他觉得自己没有出生在两万五千里长征那个年代，能有大把的机会去当英雄，平常也总碰不上失火或者救落水儿童的机会，这让他心里很郁闷。

一次，他看了电影《假如明天来临》，剧中女主人公翠西的“神偷”“义盗”行为让他眼前一亮，他觉得自己要是能像翠西那样，做一番“轰轰烈烈”的事就好了。他在日记中问自己：“什么是好人，什么又是坏人？”对于这个问题，他无法回答自己，只觉得“胜者王侯，败者寇”，是天经地义的道理。从那以后，他对谁的话也听不进去了，总幻想着自己是伟大的天才，总有一天能“大显身手”“一鸣惊人”。

一天，他和几个邻居的小伙伴去看电影，一个同伴用铁丝捅开了一辆面包车的车锁，从里面偷出了一个钱包，并分给他们每人一百多块钱。顿时，他觉得这个小伙伴很“勇敢”，很“讲义气”，虽然比不上武侠小说中的侠客，但也很有魄力。于是，他也加入其中，跟他们一起干起了“劫富济贫”的行当。就这样，一次、两次……他们越干越胆大，后来陈力竟然成了带头儿的，他说偷谁就偷谁。他也把偷来的钱财分给小伙伴，于是，这几个同伴都很佩服他，封他为“老大”。

其实，陈力家的经济条件十分优越，他又是独生子，什么也不缺。那些偷来的钱他并没有花，全都分给家庭困难的同学了，偷来的那些东西都藏在家中。可悲的是他的父母竟全然不知，当办案人员起获这些赃物时，在场的妈妈都看呆了。偷了这么多次，难道陈力就不害怕吗？当然害怕，毕竟他只是个刚上初中的孩子。用他自己的话说，他也曾经有过激烈的思想斗争，他怕一旦被公安机关抓获，将会影响自己的学业，有好几次想洗手不干，但每当这个时候，他就会想起武侠小说里的“英雄”，胆子也就壮了。

在这一年的暑假期间，陈力和他的小伙伴先后在各个大学里盗窃作案10余起，窃得人民币2000余元、名牌手机、进口高档相机等，共价值人民币36000余元。他因涉嫌犯盗窃罪被起诉至法院。当法官问他为什么实施盗窃时，他实在想不出来怎么回答，只是说：“没事干，想找点事干。”最终，经法院审理，陈力因犯盗窃罪被判处有期徒刑三年，缓刑四年，并处罚金人民币10000元。

当陈力的父亲接到妻子打来的越洋电话得知此事时，他正在国外的大学里讲学，陈力的父亲简直不敢相信自己的耳朵，还以为是跟他开玩笑呢！他无论如何也无法相信，自己的儿子一直学习成绩优异，家里吃穿不愁，儿子怎么会成了盗窃犯！他立即拒绝了国外研究机构的高薪挽留，辞职回国，处理儿子惹下的大麻烦。来到法院，他一下子就跪下哭了起来，希望法院能救救他的儿子。

法官在审理此案时，发现陈力盗窃的赃款赃物除人民币2000余元、一台价值人民币30000余元的相机和两个手机外，其余全部都是武侠小说和武侠录像带等。而且对于这些盗窃的赃款赃物他并没有销赃挥霍，而是将赃款全部分给了小伙伴，赃物全部锁在自己家里。从这些细节里，法官觉察到这是一个正处于青春期的，精力旺盛但却精神空虚、没有找到正确的方式来释放过剩精力的孩子，虽然实施了触犯法律的行为，但他的良知尚未泯灭。这个孩子学习成绩优异，很有培养前途，本来应在良好的环境中成长，凭借自身的努力成为国家的栋梁之材，如今却误入歧途，对此法官感到特别痛惜。认为导致他盗窃的重要原因是父母对他的忽视，以及不健康的书籍和影视作品的影响和腐蚀。法官想，如果能够排除外界的不良影响，加强父母对他的教育和监护，给他一次改过自新的机会，是有可能让他浪子回头的。

法官在提讯室里第一次见到陈力时，看见他那端正而稚气未脱的面孔和胆怯的目光，问他："你偷了人家的高档名牌相机，知道失主有多着急吗？失主没有了相机就没有办法工作，而且相机里有那么多资料。假如这相机是你的被别人偷走，你会怎么想？"然后，法官又给他讲了什么是犯罪，法律对盗窃罪的处罚有哪些规定，并把法律的规定和他的盗窃行为结合起来进行分析，首先让他认识到他的盗窃行为侵犯了公民的财产权利，又帮助他分析了他内心深处自私自利和没有社会责任感的问题，使他明白自己是如何走上犯罪道路的。在此基础上，法官又特意启发他将雷锋的模范事迹与他所崇拜的"神偷""义盗"的个人江湖义气进行对比，让他思考究竟谁对人民做出了贡献，谁才是人民心目中真正的英雄，让他说出自己的心里话。开始的时候，他说："我觉得雷锋精神早就过时了，现在没有人那么傻了。"法官对他说："人傻不傻是有具体标准的，那就是看他对社会有没有做出贡献。人活着就要对社会做出一定的贡献，没有前辈人的流血牺牲、无私奉献，哪有我们今天这么美好的生活？如果没有我们这一代人的奉献，那么下一代人的明天将会是什么样子的呢？雷锋有一句名言，'我活着是为了让别人活得更美好’，你觉得雷锋过时了，算不上英雄，那你这种不劳而获、把自己的快乐建立在别人痛苦上的行为，算得上是‘英雄’吗？”

放手非“放养”，青春期更需要引导

如何与青春期的孩子沟通？

从这个故事中，我们可以看出，陈力之所以从小淘气变成了大麻烦的一个重要原因，是在孩子进入青春期最需要父母教育和引导的时候，他们却忽视了对孩子的教育，没有陪伴在孩子的身边。著名犯罪心理学专家李玫瑾教授说：“如果把人的心理年龄进行阶段划分的话，18 周岁以内心理年龄可以划分为很多个时期，其中青春期最为重要。青春期孩子的父母一定要改变教育模式，告诉孩子，你现在长大了，有一些事情要自己做，需要帮助时你就说话，如果你不说的话，我就不管，但你要自己管好自己，自己对自己负责任。”而家长只是表面上开始放手，并不是真的“放养”，要留意孩子的一举一动。

故事中陈力的父母大撒手，对孩子采取了完全“放养”的做法。他们整天忙于自己的事业，很少关心孩子的成长，忽视了和孩子的沟通交流，不了解青春期孩子的思想变化，不了解孩子喜欢看什么电影、喜欢看什么书，更不了解孩子在和哪些人交往。以至于当陈力被抓获后，他的父母都惊呆了。在他们眼里，陈力是听话懂事、给父母争气的好孩子，所以他们无论如何也不相信自己的孩子会触犯法律。

青春期是孩子从幼年到成年的过渡期，是成长的重要阶段，陈力的父母作为孩子的监护人，应当告诉孩子，12 周岁之前很多事是爸爸妈妈代你摆平，进入青春期以后，你做事要自己负责，要有责任感；要告诉他哪些事绝对不能做，可以给他列举几个行为，比如说偷拿别人财物是不劳而获的可耻行为，坚决不能做，年满 16 周岁以后，如果偷拿他人的财物，达到一定数额是要承担法律责任，判处刑罚剥夺自由的。要告诉孩子，违法犯罪行为对自己、对家庭、对社会的危害和应当承担的法律责任。

学习成绩好的孩子就什么都好吗？

现在的父母往往更关心孩子的学习成绩，仿佛只要孩子学习成绩好，一切就都好。其实，对于青春期的孩子来说，比学习成绩更重要的是学会做人。不要因为父母教育监护的失误，而让孩子误入歧途，这才是关键。

事后，陈力的父母后悔地说："我们一直以自己的儿子为骄傲，觉得孩子学习成绩那么好，将来肯定是个好料子，从来没有把他和罪犯联系在一起。我们工作忙，没有时间去关心孩子的内心世界。另外，我们做父母的也总觉得孩子爱读书、学习成绩好就是好孩子，对孩子在读什么、想什么，我们从来没有和他探讨过，也没有对他加以引导。孩子走到今天，我们做父母的有不可推卸的责任。"

陈力的父母都很优秀，事业有成，但却忽视了对孩子的道德、法治教育，这种重智育轻德育的现象在当下的家庭中很常见。许多父母让孩子上各种补习班，却忽视了对孩子健康心理和优良人格的培养。当孩子思想和行为出现问题苗头时，父母又没有及时引导和制止。结果，孩子一旦误入歧途追悔莫及。

让孩子知道什么是真正的英雄

青春期的孩子，辨别是非能力和自我控制能力都比较弱，他们很容易受社会不良因素的引诱和影响。孩子想当英雄是好事，但如果父母缺少对孩子进行正确价值观的引导，孩子就有可能走上歪路。这个故事中，法官用陈力最熟悉的例子启发他，让他思考什么是真正的英雄，用他所崇拜"神偷""义盗"的江湖义气与他父亲做对比。陈力是为了想当英雄并且在小伙伴面前显本事而实施盗窃的，他的行为侵犯了公民的财产权利，是把自己的快乐建立在别人的痛苦之上，而他父亲在国外发挥自己的专业特长，辛勤劳动，无私奉献，为国争光。法官说："你的父亲在国外的讲台上讲学，为我们的祖国争光，你却在那里盗窃作案，成为刑事被告人站在法庭上接受审判，你不觉得惭愧吗？"经过反复劝导，陈力终于认识到，一个人活着就要为社会尽一份力量，为国家、为人民做一点贡献，这样的生活才有意义，那些不怕流血流汗、为人民做出贡献的人才是真正的英雄。而那些只为寻开心、找刺激，危害社会的盗窃行为是可耻的，是要受到法律惩罚的。自此，他下定决心，要做一名对社会、对人民有用的人。

陈力的父母经历了一场痛苦的反思，在争吵和流泪后，他们达成了共识：对孩子不能只重视学习成绩和物质给予，而忽视对孩子的品德教育和情感交流。法院的缓刑判决，不仅是给孩子一个改过自新的机会，也是给他们一个重新做成功父母的希望。他的父亲多次放弃出国机会，父母密切配合，以身作则，用自己的言行教育他，和孩子一起做了许多助人为乐的好事。例如：平时一举一动严格遵守社会公共道德，遵守交通规则；在公共场所不乱扔果皮纸屑；特别在金钱物质方面尽可能关心和帮助有困难的人，在支援灾区时，他的母亲翻箱倒柜把许多不穿的衣物捐献给灾区；他的父亲捡到一个钱包，里面有几百元钱和银行卡等，就问他该怎么办，他表示应当上交，他的父亲立即将钱包交给了居委会；公共楼道里的玻璃碎了，他的父母自己花钱找人来装上……他们还通过和孩子谈心、沟通，增进了亲子间的情感，让孩子从实践中体会做一个对社会有用人的快乐。

就这样，陈力在父母的影响下，思想进步了，行为也发生很大的转变。在我国南方遭受水灾时，他将夏天不吃冷饮节省下的500元零花钱全部捐献给灾区；在学习雷锋的活动中，他利用业余时间与同学们一起设立了一个自行车免费修理站，为素不相识的人提供帮助、献上爱心；他更加刻苦学习，进步显著，成绩在班里名列前茅。

鉴于陈力确有突出的悔改表现，又考虑到再过一年他将面临高考，法官主动与有关部门联系，依照法定程序，为他办理了缓刑减刑，为他报考大学创造了条件。缓刑期满后，在全国统一高考中，陈力以591分的优异成绩考上了全国重点大学，走上了一条宛若彩虹般的路。

第三章

成长不可忽视的细节

一、有了责任感，未来之路才长远

寒门学子离乡后

在一个偏远的西南小山村，有个男孩叫王哲。他的父母都是乡村小学教师，从小他就常常跟着妈妈到学校去玩，妈妈站在讲台上讲课，他就坐在教室的后面听讲；妈妈批改作业，他就在旁边玩耍。因为受到父母潜移默化的影响，王哲从小就养成了爱学习的好习惯。他刚满 5 岁就上学了，别看岁数小，由于他脑瓜灵活，学习又刻苦，大孩子都学不过他，语文、算术考试门门优秀，成绩在班里总是前三名。就这样，王哲读完一年级直接跳到三年级，三年级读完又跳到五年级，他用四年的时间读完了小学六年的功课，九岁时便以优异的成绩考上了省重点中学。上了中学后，由于他年龄太小，家又在偏僻的山村，每周六父母都要走上十几里的山路去接他，到了周日下午又要带上一周的干粮和咸菜送他到学校。

王哲有两个勤劳朴实的姐姐，由于他是家里唯一的男孩，学习成绩又好，父母和姐姐们对他都十分宠爱，在家里什么活儿都不让他干，甚至连上学的书包都是姐姐们帮他收拾，铅笔都要帮他削好。一次饭后，王哲想要帮姐姐一起刷碗，母亲立马说道："你赶紧学习去，家里的活儿用不着你干，以后你考上个好大学就行了。"

王哲果然没有辜负父母的希望，在中学阶段，他学习更加刻苦努力，品学兼优，年年被评为"三好学生"。15岁时，他就以全县第一名的成绩，考上了北京某重点大学的热门专业。喜讯传开，十里八村认识他的人奔走相告，亲朋好友全都来到家里为他道贺。对于这个偏远山区的小村子来说，能出一个考到北京读大学的高才生是多么不容易啊！

就这样，背负着全村老少的希望，小王哲离开了从小生活的那个小村子，来到大城市。可是，周围环境的变化让这个从未走出过大山的孩子很不适应。父母每月省吃俭用，也只能给他汇来几百元的生活费。有一次，他穿了一件妈妈为他缝制的带补丁的衣服，有同学在背后说："王哲的衣服太难看了，哪像个大学生啊？"有的同学见了他讽刺地说："哟呵，你可真够艰苦朴素的呀！"他的自尊心很受伤害，没想到自己这个从小被人夸赞羡慕的天之骄子，来到北京的大学后竟然会受到这样的挤对。看见周围的同学吃穿用都很讲究，王哲的心理渐渐发生了变化，他又羡慕又自卑：不行，我决不能比他们差，决不能让他们瞧不起我！于是，他用父母寄来的800元生活费买了一套西服和一双皮鞋，而把妈妈缝制的衣服扔在一边。为了不被别人说自己寒酸，他总是主动掏钱买水果和糕点，做出慷慨大方的样子。果然，从那以后，他再也不被同学取笑了。可是，为了应付经常不断的消费，他只能千方百计地节省各方面的开支。他想从伙食费中节省，但又想吃好吃的，便想出了不交或少交饭票的歪主意；偶然捡到几块钱，他也如获至宝地揣到兜里；看到别人的学习用品好，就借过来，用后也不还给人家。在尝到一个个小便宜的甜头之后，他变得越来越贪心，想要得到的东西也越来越多：自己的饭盒丢了，就到食堂抄一个；自己的课本找不到了，就到教室同学的课桌里拿一本……

由于学校的校园很大，从宿舍到饭厅，从教室到图书馆，都要走很长的路，有些同学便买了自行车，骑上车一会儿就到了。王哲又动起了歪脑筋：假如我也有一辆自行车该多好啊！经常听说有人偷自行车都没被抓到过，我干吗不给自己偷一辆呢？

这天晚上，王哲趁着夜色潜入某大学校园，偷偷撬了一辆“捷安特风标2200型”自行车（价值人民币908元），并把它骑回了学校。事后王哲心里也有点害怕，但他提心吊胆了一段时间后，并没有失主找上门来，这使他产生了侥幸心理，觉得为了改善生活条件，冒点风险也是值的。一个月后，有个同乡女生过生日，王哲正愁没有钱给同学买礼物，就在他下课回宿舍的路上，发现路边停放了一辆红色“美利达公爵600型”自行车（价值人民币1726元），就又起了坏念头。他趁周围没人，撬开车锁，把自行车骑到隐蔽的地方偷偷藏了起来，准备作为生日礼物送给女同学。而这两次作案的得逞，让他的胆子变得越来越大。后来为了骑车去周边旅游，他又用改锥撬锁，偷了一辆“美利达名驹618型”自行车（价值人民币890元）。

至此，王哲总共偷了三辆名牌自行车，价值人民币 3524 元。失主报案后，几经周折，警方终于将犯罪嫌疑人王哲抓获，其因涉嫌犯盗窃罪被起诉至法院。

鉴于王哲犯罪情节较轻，犯罪时又未满成年，赃物均已起获发还，又能认罪悔罪，合议庭的意见是对他宣告缓刑，但可惜的是没有接收单位。他的父母年老多病，没有办法来北京，根本无法取得当地政府部门的配合。如果没有单位接收，就只能对他判处实刑送进监狱，而一旦进了监狱，这个天才少年的前途就被毁了！怎么办？我和书记员商量，一定要尽全力挽救这个失足的少年大学生。我怀着这个想法，一次又一次地找到学校领导。起初，学校领导的态度很坚决："国有国法，校有校规，触犯刑律的一律开除。"看到校方的态度这么强硬，我也很为难，同时又不甘心。我深知，今天我一撒手，也许这孩子今生就再没有上大学的机会了。于是，我和书记员硬着头皮和校领导理论，从下午两点到晚上七点，磨过了下班时间，校领导见我这么执着，还以为这个孩子是我家的亲戚，问我："这个学生有什么背景？你们和这个学生是什么关系？"一听这话，我的书记员急了，她说："我们和这个学生非亲非故，仅仅是法官和被告人的关系，要是他不犯罪，连这点关系都没有，谁会认识他呀？我们办的案子多了，对少年犯的事，审判长个个都是这样，比对她自己孩子的事都上心。"这回，校领导终于被感动了，他说："就冲你们这种负责的精神，我校可以考虑收下这个学生，并同意负责缓刑期的监督考察工作。"

最终，法院对王哲判处有期徒刑六个月，缓刑一年。当法院向王哲宣告判决书时，他泪流满面，“扑通”一声跪在我面前，一句话也说不出来。

不久以后，我收到了王哲父亲的感谢信，他在信中说：“自从接到孩子被判处缓刑、回到学校学习的消息，我和孩子妈妈度日如年的日子总算过去了。假如要把这半年的心情表达出来，三天三夜也讲不完，文字更无法叙述……”

我能体会到王哲父母为儿子犯法而揪着心度日如年的心情，但是反观王哲的成长过程，有些教训不能不引起我们的深思。

近年来，像王哲这样学习成绩优异的好学生触犯刑律的案件时有发生。我曾经问王哲：“作为一名在校大学生，你知道自己应当承担的责任是什么吗？你有没有想过被盗失主的感受？”王哲哭了，后悔地说：“我从来没想过这个问题。来到大城市以后，一下子离开了父母，缺少了他们的叮咛和照顾，我对新环境感到很不适应，对我所选的专业也不感兴趣，我觉得自己再也不是在家乡那样优秀的学生了。面对巨大的反差和挑战，我没有迎头赶上，而是自暴自弃，采取了放任自流的态度，经常逃课，考试作弊，最后还做出了偷东西的犯罪行为。我的这种行为对自己不负责任，对不起被盗的失主，也给我的家人带来了痛苦……”

我对他说：“说到逃课和作弊，你知不知道，作为一名在校大学生，逃课是违反学校纪律的行为，考试作弊是违背考试公平，以不正当手段获得考试成绩的行为。从违纪到违法甚至犯罪之间并没有一条不可逾越的鸿沟。作弊换来的分数虽然漂亮，但却是不光彩的；盗窃来的东西用起来虽然方便，满足了自己的非分需求，但却是肮脏的、可耻的。作为一名在校大学生，一旦背弃了自己的责任，最终就要为自己的行为付出法律的代价。”

这次犯罪被判刑的经历对这个尚未成年的孩子产生了很深的影响。后来再听到王哲的消息，是在他即将毕业的时候。那年 7 月，正当应届毕业生离校的时候，他们全都在忙着办理离校手续、托运行李。这时，在 1622 宿舍里，经济系的一个同学却急得团团转。原来，他在托运完行李后，不小心将行李票、数百元现金和其他票据证件弄丢了，而他还有一些离校手续急等着办理。正当他心急如焚、愁眉不展时，王哲同学敲响了宿舍门，把在湖边拾到的失物交到他手中。这真好比雪中送炭，那位同学激动得不知说什么好，他当即拿出现金要酬谢王哲，王哲却摆摆手说：“没什么，都是同学。”说着就告辞了。从偷盗自行车到拾金不昧，王哲的思想发生了多大的变化呀！

让孩子学会负责，才是对孩子负责

著名教育专家“知心姐姐”卢勤在《写给年轻妈妈》一书第四章“种下责任的种子”一节中写道：“做父母的，能够给予子女最好的礼物，应该是‘根’和‘翅膀’，也就是责任之根与独立之翼。如果缺少了这两样东西，结果会给父母惹来烦恼，甚至会给家庭带来悲剧。”[①]说得太好了！我十分赞同卢勤老师的观点，王哲的案例就很好地印证了这一点。

王哲小时候，每次回到家，父母最关心的就是他作业写没写完、每门功课考了多少分。他虽然家境贫寒，却过着衣来伸手、饭来张口的生活，被父母和姐姐们包围在一片真空的世界里，除了学习，他心里没有任何责任的概念。许多自己应当做的和可以做的事，比如刷碗，却被母亲制止。由于从小缺乏责任感教育，使得他的内心非常自私，在他撬别人车锁的那一刻，他没有想到含辛茹苦把自己送进大学的父母，没有意识到他这样做是在侵犯他人的财产权利，伤害他人的感情，这样做是放弃了作为一名在校大学生的责任，放弃了自己对家庭和社会的责任，背弃了做人应有的原则和品格。

毕业后的王哲又被北京一所著名大学录取为硕士研究生。得知这个消息，他的父亲给法院来信说：“得知我儿被录取为硕士研究生时，我们激动得热泪盈眶。感谢法院给我儿一个缓刑的机会，他才会有今天。”

所以，孩子的责任感缺失，值得做家长的认真反思。那么，怎样培养孩子的责任感呢？

首先，培养责任感要从“小”抓起。这个“小”有两个含义：其一是从孩子小时候抓起，家长应当教育孩子从小自强自立，遇到困难先自己想办法，竭尽所能去尝试解决，不能将求助当成习惯；其二是从日常

---

① 卢勤：中国少年儿童新闻出版总社首席教育专家、原总编辑，著名的“知心姐姐”。引用部分参见：《写给年轻妈妈》，中国妇女出版社 1996 年第一版，第 126 页。

小事做起，不妨让孩子承担一些力所能及的家务劳动，如洗碗、扫地等，让孩子明白自己是家庭中的一员，要为这个家出一份力，从而让孩子体会父母的辛劳和付出，培养孩子对家庭负责、对父母负责的意识。总之，日常生活中到处都是培养责任感的落脚点，从点滴小事做起，小溪流最终会汇聚成“责任心”的大海。

其次，要培养孩子的责任心，就必须给孩子真正负责任的机会。让孩子在负责任的过程中体验什么叫负责任，什么叫不负责任，怎样去负责任。[①]有一名初中一年级的学生在某刊物上发表了一篇题为“今天我当司令官”的文章，文中讲述了一个星期六的晚上，他怎么样安排星期天全家的生活：早晨起来打扫房间，做早饭的任务怎样分配。早饭后自己学习什么，建议家长做些什么事情。怎样准备午饭，谁去采购，洗菜做饭怎样分工。下午去看望外祖母，提醒父母不要忘了带些礼物。一直安排到晚上九点钟，“司令官”当得十分成功。这一天下来，他的责任心、责任能力能不提高吗？同时，还培养了孩子关心他人、热爱劳动、严格自律等好品质。他之所以能够这样做，是父母教育引导，给孩子实践锻炼机会的结果。

在美国有这样一个故事。有一个16岁的男孩特别爱踢足球，一天，他不小心把球踢到邻居家的窗户上，玻璃“稀里哗啦”落了一地。人家闻声走出来，要他赔偿12.5美元，他哪有这么多钱呀！于是，他只好回家去找父亲。父亲得知了事情的经过后，让他自己想办法。儿子为难

---

① 王宝祥：北京市教育科学研究院研究员、北京市家庭教育研究会副会长，中国家庭教育学会常务理事。引用部分参见《以德育人是大根本——家庭教育中一个重要的认识问题》，载《给孩子一生的财富——更新家庭教育观念报告集》，2002年6月第1版，第100页。

地说："爸爸，我确实没有这些钱啊！"父亲想了想，从衣兜里掏出了12.5美元说："这笔钱我先借给你，但是你以后一定要还给我。"他郑重地点了点头。后来他把打工挣到的这些钱还给了父亲，并对父亲表示感谢。通过这件事，他的责任心、责任能力得到提高。这个孩子，就是美国前总统里根。

二、内心强大，才能在竞争中生存

走出大山的天才少年

董殊来自北方一个偏僻的贫困山村。他特别机灵，学习又很勤奋，从小学到高中，一直都是全班第一名。董殊是家里最小的男孩，父母和哥哥姐姐都很宠爱他。虽然家境贫穷，但对于他的要求全家人都会尽量满足——有好吃的让他一人吃，全家人都不过生日，唯独他的生日一定要庆祝。董殊很懂事，知道心疼父母，有时看到妈妈干活很辛苦，就会跑过去帮忙，但妈妈却总是说："不用你，你好好学习去。"在家里，衣服从来不用他洗，饭也是家人做好了端到他的面前。他的妈妈常常对别人说："俺家孩子学习好，家里有哥哥姐姐，不用他干活。"董殊的父母把所有的期望都寄托在了这个争气的小儿子身上，期待着他考上一个好大学，成为栋梁之材，将来找到一个能挣大钱的好工作，彻底改变这个贫困家庭的命运。

就这样，董殊在鲜花和荣誉中渐渐长大，刚满16周岁就以超出重点线42分的优异成绩，考入了某全国重点大学的热门专业。可是，自从来到繁华的大城市上大学以后，他却遇到了前所未有的挫折。董殊从小有一点口吃的毛病，一次在大学英语课上，他第一次举手发言回答问题，因为有些紧张，所以站起来以后，口吃的毛病又犯了："我……我……"半天才说出来，外语更是说得很不流畅。老师听后皱着眉头厉声说："你坐下吧！"他只得红着脸坐下。这时，全班同学哄堂大笑。这件事深深地伤了他的自尊心，从那以后，他在上大学的四年里再也没有回答过问题，就算老师叫到他，他也站起来不作声。久而久之，老师也就不叫他发言了。

在生活中，同学也经常会半开玩笑地叫他"结巴磕子"，他觉得这是同学对他的不尊重和讽刺。渐渐地，他甚至不再说话，完全封闭了自己。在他看来，"对于一个人来说，口吃一次是一个小的挫折，如果一天口吃十几次，就会很受挫，慢慢积累，他就会觉得这辈子没什么乐趣，是个失败者"。

渐渐地，董殊的成绩一落千丈，在家乡总考第一名的优越感也消失殆尽，他的内心产生了巨大的心理落差。可是一个人远离家乡和亲人，他心里的苦闷没有地方去倾诉，又染上了甲流。就在他最需要家庭和学校温暖的时候，家里人对于他的境况根本一无所知，也从来没有跟学校联系过。他们以为，孩子上了大学有学校领导和老师的教育，就不用家长再操心了。

面对种种挫折，董殊的心情十分低落，他患上了自闭症和抑郁症，难以专心学习，便沉迷于网络游戏。这导致他有十几门功课不及格，无法如期毕业。眼看着毕业无望、就业无门，董殊觉得无颜见江东父老，辜负了父母、哥哥、姐姐对于他的期望。为了发泄心中的郁结和痛苦，他来到某银行，以包内装有爆炸物相威胁实施抢劫，不久后被查获归案。他因涉嫌犯抢劫罪被起诉至法院。

经法院审理认为，被告人董殊以非法占有为目的，使用暴力相威胁，当场抢劫国家金融机构的十万元人民币，数额巨大，其行为已构成抢劫罪。鉴于董殊作案时属限制行为能力人，具有从轻情节，且认罪态度良好，悔罪深刻，积极全部退赃，没有造成银行实际的经济损失，依法从轻处罚，判处有期徒刑十年，并处罚金人民币两万元。

消息传到董殊的家乡后，就像晴天霹雳，董殊的妈妈没听完就晕倒了。像董殊的家人一样无法接受这个现实的，还有他的乡亲们和昔日的老师、同学们。他们绝对无法将成绩优异、诚实懂事的董殊与电视里那些穷凶极恶的抢劫犯联系到一起。不久，法院就收到了一封写有二三百人亲笔签名的联名信，这些签名来自董殊的同学、老师、同乡，他们都是为董殊求情的，要不是因为路途太远，他们就亲自来了。

看着手里这封沉甸甸的求情信，我们深深地感受到了，在那样一个贫困落后的小乡村，董殊这样学习成绩优异的孩子是多么令他的乡亲们骄傲。然而法网无情，每个人都要为自己的所作所为承担后果。我们不禁反思，到底是什么让这个全村人眼里的好孩子，从一个大学生沦落为阶下囚呢？董殊的父亲一再念叨着：“我儿子很优秀，他之所以会犯罪都是我的错，是他投错了胎，如果家里有钱，他就不会犯罪。”在他看来，贫穷是儿子犯罪的主要原因。然而，事实真的是这样吗？

让孩子体会“多面”的人生

培养孩子的挫折商

著名犯罪心理学专家李玫瑾教授说：“孩子的成长需要‘爱’，但爱的本质、爱的艺术、爱的表达可不仅仅是给予，不仅仅是满足，更不是百般的迁就，不是让孩子永远地感受‘快乐’！人生中的生与死、快乐与痛苦、顺利与挫折、胜利与失败，从来都是成双成对地出现，成长中的孩子也必须经历‘成对’的教育，必须让他经历心理上的一种痛苦、克制、忍耐。”她认为，培养孩子的挫折商是极其重要的，挫折训练是性格训练中重要的一部分。有学者认为，小时候没有经受过挫折的孩子，长大后会因为不适应激烈的竞争和复杂多变的社会环境而深感痛苦，董殊就是一个典型的例子。

首先，在董殊的成长过程中，他的父母看重的是孩子的学习成绩。孩子总考第一名，这让他们产生了一种错觉，以为孩子身上都是优点，也让董殊以为生活就像童话中的理想世界，处处是鲜花和荣誉。然而他的父母却忽略了对孩子心理素质和适应能力的培养。以至于董殊来到大城市后，面临前所未有的困难与落差，一时间无法适应这样的挫折，使自己的状况越来越糟。

其次，我们都知道，挫折是客观存在的，不以人的意志为转移。只要有人存在，有社会生活，就会有种种需要，也就会因需要得不到满足或者目标无法实现而产生挫折感。挫折感的大小并不仅仅取决于挫折本身，更主要的是取决于人们对挫折的认识和态度。可惜的是，董殊在挫折面前采取了消极、放弃、回避的态度，甚至为发泄心中的痛苦，竟做出不理智的行为，犯下重罪，毁了自己和家人的幸福。试想，如果董殊能够积极地面对挫折和痛苦，扬长避短，靠自己的勤奋努力去证明自己，事情就不会越来越糟，最终发展为犯罪。

再次，有的父母不重视对孩子的挫折教育，孩子缺少挫折体验，他们依赖性强，感情脆弱，稍不如意就悲观失望，甚至做出过激行为。据抽样调查显示，目前有的孩子的心理素质偏低，尤其是一些中小学生，因为一些小挫折，就心理扭曲，学习成绩直线下滑。个别孩子还因此而逃学、违纪违法。由此可见，让孩子从小体验挫折，做好经受挫折的心理准备，对于他们未来能适应竞争激烈的社会环境是多么重要啊！

《论语·宪问》十四章中记载了孔子的一句话："子曰：爱之，能勿劳乎？"意思是孔子说，爱你的孩子，能不让他辛劳吗？两千多年前孔子的教诲，放在今天仍然适用。作为父母，在家庭教育过程中，对子女的"爱"不仅体现在无微不至的关爱呵护上，更应该体现在使孩子"劳"的勇气与决心上。让孩子"劳"，也就是给孩子以独立面对挫折，经受风雨磨炼，最终战胜挫折的机会。

如果只是一味地呵护，让孩子在蜜罐中长大，那么孩子将养成等待他人来满足自己需求的习惯，将眼前的丰裕物质条件视作理所当然。而只有经历了挫折教育，孩子才会体会到生活的艰辛，意识到眼前幸福生活的来之不易，因此才能珍惜当前的生活，才会有自己努力拼搏的动力。生长在温室中的花朵不会拥有抵御风雪的能力，未经自己破茧的蝴蝶将永远无缘飞翔的自由。成长过程中一时的安逸，可能带来的是孩子永远失去了在挫折面前不骄不躁、昂首勇敢面对的决心。

使孩子“劳”，不单是让孩子经受挫折，更重要的是要让孩子意识到世界从来不是绕着一个人转，要获取幸福的生活只有依靠自己的努力拼搏。只有意识到这一点，孩子才会从温室之中走出，从而自立自强，以坚强的意志面对人生的风雨，以不懈的姿态追逐自己的梦想。

挫折教育，正如一场大雨，乌云会遮蔽和煦的阳光，雨点会击打幼嫩的叶片；但是大雨过后，空气清新，水分渗入土壤，叶子会更加丰润，花朵的根茎将更加健康茁壮地成长。

娇生不能惯养，挫折教育有好方法

那么，如何对孩子进行挫折教育呢？我有一个朋友是全国优秀家长，她的名字叫王晶。她曾提出了家庭挫折教育的三句话：娇生不能惯养，自作必须自受，独立必须自主。[①]

一是娇生不能惯养，就是说对孩子不能一味地满足和宠惯，要让孩子体会得不到满足的挫折感。0 到 6 岁，是孩子性格形成的关键期，要培养孩子的规则意识和克制能力，要对孩子进行挫折教育。当孩子出现任性的行为时，家长应当告诉孩子不行。董殊的父母从小缺少对他进行

① 王晶：全国优秀家长。引用部分参见《家庭中的挫折教育》，载《给孩子一生的财富——更新家庭教育观念报告集》，2002 年 6 月第 1 版，第 67 页。

经受挫折和遵守规则的教育，以致当他步入大学后经受一点嘲笑与挫折时，就会片面地放大挫折的威力，消极看待，让阴暗的情绪淹没了自己，最终做出悔恨终生的行为。

二是自作必须自受。对孩子进行挫折教育，就会常常让他们面临失败和错误。如果家长在事先不停地提醒，事后又一边责骂孩子，一边千方百计地替孩子补救，那么结果将是家长操碎了心，磨破了嘴，可孩子却一点感觉也没有，甚至还会产生“无论我犯什么错误，父母都能帮我摆平”的错误认识。因此，应当让孩子懂得做错了事就必须自己承担后果，只有孩子自己体验到做错事的后果，他对这次挫折的印象才会深刻。

三是独立必须自主。有学者说，教育者应成为儿童发展的观察者、引导者、援助者。只有孩子能沿着独立的道路前进，深藏在其内部的各种潜能才能获得充分发展。在孩子幼年时，父母应当重视对孩子独立性的培养，帮助他们逐步学会自己动脑、自己选择，同时还要培养他们克服困难的精神和毅力，告诉他们面对困难时要学会坚强，而不是消极、放弃、逃避，只有自己足够坚强，别人才有可能帮助你，苦难与挫折也才有可能被克服。相反，如果家长对孩子过于宠爱和娇惯，包揽一切，孩子长大后就会缺乏独立生活、做事以及应对挫折的能力。例如本案中的董殊，他的很多事情都由父母、兄姐包办代替，自己独立应对困难、挫折的机会被剥夺，最终导致他进入大学的新环境之后，稍微遇到困难就惊慌失措、自暴自弃。

国外的教育理念值得借鉴

事实上，“一切包办，有求必应”的教育现象在我们的父母中绝不罕见。在这一点上，我们有必要借鉴一些国外的教育观念。

2017 年，奥巴马的大女儿玛利亚考上哈佛大学，成为各大网站的头条新闻。玛利亚这一阶段性的成功与她在少年时期受到的家庭教育密切相关。奥巴马一家在入住白宫的时候，大女儿 10 岁，二女儿 7 岁。虽然身边有很多保镖和工作人员，但是他们仍然严格要求孩子自己整理床铺，学会各类生活技巧。如果两个孩子按时完成规定的家务，奥巴马夫妇就会给她们 1 美元。后来习惯养好了，两个孩子不拿钱也会主动做家务了。

虽然生活物质条件优越，但是奥巴马夫妇从未放松对孩子的挫折教育，而是以严格的标准去要求孩子，让她们早早地学会面对生活的不易。也正因为如此，两个孩子在生活和学习的过程中才会不依赖身边人的帮助与扶持，而是凭借自己的努力奋斗进入理想的大学。

反观故事中的董殊，即使家庭条件不好，但他的父母、兄姐仍然无微不至地宠惯他，无条件地满足他的各种要求。表面上董殊的父母是关爱他，但实际上，他们的溺爱剥夺了董殊在成长过程中面对挫折，在挫折中完善人格、学会自立自强的机会，最终导致董殊在遭遇挫折时缺乏应对困难的合理心态，自暴自弃，悲剧收场。

由此可见，董殊的悲剧并不像他的父亲所认为的那样，是因为贫穷造成的。董殊考上大学时，还是一个刚满 16 周岁的未成年人，父母对于他的教育监护职责还没有结束，而董殊的父母却觉得孩子进了大学就好像进了保险箱，从没有与学校联系过，更不了解孩子在学校的情况。当孩子遇到挫折、出现心理问题时，父母没有及时给予教育和引导。试想，如果董殊的父母从小就对孩子进行挫折教育，告诉孩子不要稍不如意就自暴自弃，经常和孩子沟通交流，及时发现孩子的心理问题，那么，董殊的悲剧也许就不会发生。

令人欣慰的是，这次人生的挫折让董殊痛定思痛，成长了很多，也成熟了很多。他在走出监狱的第二天就找到学校要求复读，以备来年高考。7 个月后，他以 598 分的优异成绩重新考上了重点大学，开启了他第二次崭新的人生。

三、学会合作，才能双赢

两个“独苗儿”

李永（男，16岁）和姜川（男，16岁）是某中学初中三年级学生。这两个孩子都是家里的独生子，学习成绩良好。李永身高1米75，天资聪颖，爱好体育，争强好胜，集体荣誉感强，是学校的足球队长。姜川身高1米79，是班长，爱交朋友，讲哥们义气。在老师眼里，这两个学生都有望考上全国重点大学，成为同龄人中的佼佼者。但是，谁都不会想到他们竟因一点儿琐事酿成一起血案。

那天学校里正上体育课，男生被分成两组在操场上踢足球。快下课时，李永那一组不小心被对方踢进一个球，李永感到很撮火，忍不住埋怨守门员：“臭球！你真是个蠢货！怎么能让人家踢进一球呢？”

姜川与守门员是好朋友，见朋友被埋怨，哥们儿义气一下子就上来了，他冲着李永喊：“进球也不是他的错，你骂人家干吗？有本事你自己守门！”李永一见姜川帮腔，就冲姜川说：“又没说你，狗拿耗子多管闲事！”姜川忍不住骂了李永一句：“瞧你那德行！”李永哪肯咽下这口气，说：“你骂谁？你再骂一句试试？”姜川说：“我就骂你了，怎么着？”李永一听顿时火冒三丈，朝姜川走了过来，一句话没说就朝着他脸打了一拳，接着又踢了姜川一脚，两个人扭打起来。这时，体育老师来了，问发生了什么事，李永告诉老师说姜川多管闲事。老师劝了他们几句，两个人都认了错。

本来事情到此就该结束了。可姜川回到教室越想越生气，自己1米79的大个子，竟然被李永打了一拳，还踢了一脚，还被告状说自己多管闲事，这不是太窝囊了吗？他哪能吃这个亏？姜川实在坐不住了，从书包里掏出一把锋利的蒙古刀，别在腰里便冲出教室。

刚走出教室，姜川一眼看见正准备回教室的李永，上前一把抓住他说：“咱俩得把事儿说清楚！”李永也不服软：“说就说，你说到哪儿说，就到哪儿说！”姜川说：“你刚才打了我，要向我赔礼道歉！要不我就拿刀扎你。”

李永见姜川抓住自己的衣领不放，就急了，挥手又给了姜川一拳：“你用刀扎我？好大的口气！你扎一个试试！”

姜川见李永不服不忿儿，热血直往头上涌，禁不住从背后拔出了刀。李永见姜川真的拔出了刀，转身就跑，姜川从后面追上去，朝着他的后背连扎三刀。当姜川看见李永身上流出了血时，顿时傻了眼。李永被送到医院抢救，经医院诊断为肺部刀刺伤，最终因失血性休克、呼吸循环衰竭，经抢救无效死亡。后姜川被抓获归案，因涉嫌犯故意伤害罪，被起诉至法院。

不懂合作互谅，只能两败俱伤

这个故事听起来让人唏嘘感叹。两个孩子都在很好的学校里读书，本应有大好的前程，谁知道却飞来横祸。我们不禁反思，到底是什么原因导致了这样的人间悲剧呢？

我想，首先是因为这两个孩子都不懂得合作共处、宽容待人。经过调查，我们发现发生这样的悲剧并非偶然。这两个孩子都是独生子，跟着爷爷奶奶长大，平时都被关在家中练书法、学外语、看电视，没有和小伙伴接触的机会，难以培养团结友爱的品德。老人处处怕孩子“吃亏”，和孩子说“谁要骂你，你就骂他；谁要惹你，你就狠狠地揍他”，经常把孩子关在家中、牵在手上，使得孩子处处以自我为中心。这两个孩子遇到问题都想争尖占先，不会宽容对方，更不能受委屈。所以在发生口角后，互不相让，你说我一句，我骂你一声，都想占上风压对方一头，最终发展到拳脚相向，持刀行凶。其实，这两个孩子之间平时并没有矛盾，有时还在一起玩耍，仅仅因为足球场上的一点小矛盾，就毁了自己和两个家庭，这种教训实在惨痛。

其次，两个孩子都不懂得善待他人。随着社会的发展，学会善待他人已经成为时代的要求，是孩子日后生存和发展的需要。故事里，两个孩子在面对“进球”和争吵时，本应当设身处地为对方着想。当李永骂守门员无能时，姜川路见不平，认为自己的守门员哥们受了委屈，本应心平气和地跟李永解释，而姜川却想逞威风、占上风，意气用事。这虽然是一个偶然发生的事件，但却反映了一个共性的问题，就是父母从小对孩子缺少进行与人合作的教育，使得孩子不懂得善待他人，一旦捅了娄子，追悔莫及。

再次，姜川不了解上学是不允许携带管制刀具的。父母不懂法，忽视对孩子的法治教育，也是导致这起血案的原因。我们了解到，姜川的蒙古刀是同学作为生日礼物送给他的，他非常喜欢，就放在书包里随身携带。而他的父母根本不知道自己的孩子上学时竟然带着蒙古刀，更不知道这种刀具属于管制刀具，不准随身携带。姜川在犯罪之后也痛哭流涕地说："我根本不知道携带刀具是违法的。"其实，我国《预防未成年人犯罪法》早有明文规定，未成年人的父母和学校应当教育未成年人不得携带管制刀具。如果姜川了解这项规定，如果家长和学校对孩子的了解更细致一些，及时发现并予以劝阻，姜川的书包里没有管制刀具，就算是真的打了架，也不至于置人于死地，也就不会酿成这起血案，让两个孩子一个命丧黄泉，一个沦为阶下囚。

从小培养孩子与他人合作的能力，这对孩子以后走向社会、适应社会是非常有益的。有专家指出，21 世纪的成功者将是全面发展的人，是善于与他人合作共处的人。因此，家长要从小教育孩子学会宽容，善待他人，与他人合作。

遇到分歧时要学会换位思考

父母要告诉孩子，遇事要冷静，学会宽容，当与同学产生分歧时，要尽量与对方协调、商量，而不是冲动行事，用武力解决问题。父母要跟学校保持联系，关注孩子在校的情况，从老师那里了解孩子与其他同学共处时的表现，发现矛盾点，及时帮孩子疏导消极的人际情绪，以便对孩子进行有效的教育。父母要告诉孩子，人与人相处不容易，要学会从他人的角度看问题。

利用生动具体的活“教材”培养合作意识

人们相处共事时，难免发生分歧，“小淘气”在共同玩耍时更是如此。家长要做教育的有心人，从日常生活中“取经”。例如带孩子观察建筑工人是怎样分工合作盖起大楼的：工人们有人打地基，有人搭钢筋，有人和水泥，有人开吊车，他们互相协助、互相配合，才能让一座大楼拔地而起。利用这些生活中的实例告诉孩子“团结合作力量大”的道理，培养孩子初步的合作意识，和一旦发生争议要冷静协商处理的观念。

引导孩子在与同伴交往中学会合作

孩子是在交往中产生合作的需要，感受合作带来的愉快和不合作带来的苦恼，从而逐渐学会合作的。让孩子学会合作，需要在同伴交往中进行。父母不妨主动为孩子创设与小伙伴交往的机会，搞好邻里关系，鼓励孩子与同龄人一起玩耍，让孩子们开展各种游戏，在游戏中共同协商、互相配合、互相支持，逐步学会合作与宽容。例如孩子们常集体玩的跳大绳，父母和老师要告诉孩子跳大绳需要集体共同的努力，既要让孩子懂得摇绳和跳绳的人都很辛苦，要互相感谢、互相协调配合，才能取得好成绩，也要让孩子学会换位思考，宽容他人，不能去责怪跳慢了或者跳“断”了的孩子。人难免犯错，宽容了他人，自己犯错误的时候也能得到别人的宽容和理解。

四、有所畏惧，才不会做傻事

校园“老炮儿”

肖腾（男，16岁）是一个很有气质的男孩，他拥有钢琴八级证书，并且还曾经在一档选秀节目中初露锋芒，是许多女孩心目中的白马王子。葛月（女，16岁）是肖腾的前女友。文雯（女，16岁）是肖腾的现女友，她的父亲是房地产商，平时对女儿疏于管教，但在经济上十分慷慨，这让文雯有条件结交了不少“江湖朋友”。

一天，文雯无意中看到了肖腾前女友葛月给他发来的暧昧短信。这让文雯醋意大发，她直接拨通葛月的电话，警告说：“我才是肖腾女朋友，你以后少给他发短信，你要还敢这么嚣张，后果自负，别怪我没有提醒你。”葛月也不甘示弱，接连发了十几条内容露骨的短信。尽管肖腾反复劝说，文雯仍不愿放过这个情敌。于是，文雯找来好友陈刚（男，17岁）等人帮忙，葛月则找来好友董摘星（男，15岁，父母离异）等人助阵，随着矛盾不断升级，双方约定三天后在学校后面的河边“决斗”。

陈刚是一名社会青年，他很早就辍学，在某夜总会打杂谋生。由于对文雯暗恋已久，加上文雯并不嫌弃他的出身，因此他对文雯言听计从。看到文雯在QQ上招兵买马，陈刚很快纠集了20多人，拿着铁棍、弹簧刀等危险器具赶往决斗地点。而葛月也通过董摘星的表哥找来几个帮手，他们并不知道将要面临一场怎样的对决。

决斗那天，文雯、陈刚等20余人早早地等在了河边。相比之下，葛月、董摘星以及找来的5个人顿时显得寡不敌众，乱了阵脚，没等决斗开始便四散而逃。陈刚等人见状，便一起向董摘星追去。被追赶了几百米后，董摘星见无路可逃，情急之下便从公路桥跳入河中。惊慌失措的董摘星入水后迅速下沉，陈刚等人见事情不妙，赶忙将董摘星从河里拖了出来并送到医院抢救。医院诊断其为肺泡破裂，导致呼吸功能衰竭，心脏骤停，董摘星经抢救无效死亡。文雯、陈刚、葛月、肖腾等人因涉嫌犯聚众斗殴罪被起诉至法院。

无知无畏最危险

15岁的董摘星死后，他的单亲母亲撕心裂肺地痛哭，她失去了唯一的儿子，也失去了生活的希望。而在看守所的高墙里，文雯也泣不成声，她失去的绝不仅仅是自己的男朋友，还有宝贵的自由、美好的前程……她不断重复着一句话：“我当初真没想到会是这样的结果！”也许，董摘星的不幸身亡将成为这几个被告人一生背负的沉重包袱。

我们不禁要问：这原本是一场不该发生的悲剧，为什么转瞬之间就发生了呢？这些少年并没有前科劣迹，怎么会如此放肆、轻率地跨越了“法律红线”呢？

我想，最根本的原因就在于，这几个少年被告人都稚气未脱却又非常自我、心智不成熟却又染上不良习性。他们敢于表达和释放自己的感情，却不懂得换位思考、体谅别人的感受，更不懂得如何对非理性的感情表达方式加以自我约束。

美国气象学家爱德华·罗伦兹对于拓扑学连锁反应有一段充满诗意的阐述：“一只南美洲亚马孙河流域热带雨林中的蝴蝶，偶尔扇动几下翅膀，可以在两周以后引起美国德克萨斯州的一场龙卷风。”意思是说，一件微不足道的琐事，就可能带来严重的后果。就像很多家长和老师平时总说的：“你要想想自己的行为可能导致什么样的后果。”但这句话孩子们是不是真的听懂了，也许要打上一个问号。正如这个故事中的文雯等人，当他们意气用事地纠集起来准备决斗的时候，心里想的只是感情、义气、面子，却万万没有想到这样做的后果，竟然会让一个年轻的生命陨灭。

另外，现在家庭教育中“重智育，轻德育”的现象还比较普遍，家长往往只注重让孩子成才，却忽视了教孩子怎样做人。故事中的肖腾、文雯、葛月都是独生子女，家庭条件都很优越，父母从小就不惜花钱对他们进行各种培养。其中肖腾从小成绩优异，6 岁就开始上各种兴趣班，比如钢琴、绘画、游泳、英语等，并且都考了级，还得过很多奖项。从这方面来看，肖腾是一个名副其实的“好孩子”。但另一方面，肖腾刚上初中就开始早恋，直到最后引发了聚众斗殴，他在品行方面是有问题的，从中可以看出父母对他在道德方面的教育缺失。直到进了看守所，肖腾的母亲还在一直夸自己儿子优秀，而没有认识到孩子的问题，以及作为孩子的母亲在教育孩子方面的失误和责任。

对自己和他人的生命负责

在孩子的成长道路上会有许许多多难以预见的挑战和危险，为了应对这些挑战和危险，父母就要提前告诉孩子，要对自己和他人的生命、健康负责任。要让他们明白，权利和义务是相对的，自己的合法权益不容他人侵犯，而他人的合法权益同样也容不得自己去侵犯，从而让孩子在权利与义务的相互交织中明确自己的行为准则。

加强后果教育，“有知”才“有畏”

要加强对孩子的“后果教育”。简单地说，就是要引导孩子对自己做的哪怕看似“微不足道”的事情，也要尽可能想象其最坏的后果，从而抑制无知或侥幸的心理，形成一种强大的内在威慑。这样，孩子的心里会逐渐产生一种警醒意识和危机意识，当青春期的躁动不安、恩怨情仇再度滑落到失控边缘之时，他们会扪心自问：这样做最坏的结果是什么呢？这么一想，相信就没有人敢轻易拿自己的生命和前程冒风险了。

远离不良行为，掐灭危险的小苗头

不良行为是引发未成年人犯罪的重要原因，如果对孩子的不良行为不及时地加以纠正，就可能发展成违法甚至犯罪。我国《预防未成年人犯罪法》规定了未成年人的父母或者其他监护人和学校应当教育未成年人不得有携带管制刀具和打架斗殴、辱骂他人等不良行为。

对照法律规定，我们可以看出，故事中的悲剧是因为几个孩子犯了携带管制刀具、打架斗殴这两种不良行为引发的。幸亏当时双方由于意外而没有发生直接的肢体冲突，如果他们当时发生了正面冲突，可想而知将会造成更加严重的后果，让更多的孩子卷入其中，更多的家庭受到伤害。

因此，为了避免孩子伤害他人，也为了降低孩子受到伤害的风险，每对父母都有责任从小教育孩子，让孩子认识到这些法律规定的不良行为，以及不良行为将会导致的后果。当父母发现孩子出现这些不良行为时，就要及时地跟孩子进行沟通，让孩子认识到这些行为的危害性，掐灭危险的小苗头，让孩子下次绝不能再犯；同时，父母也要告诉孩子，不要和有这些不良行为的人交朋友，以免受到不好的影响。

五、经得住诱惑，才能拥有大格局

平凡小伙儿闯北京

赵文（男，17岁）是一个从安徽来北京打工的饭店收银员，他既没有学历，也没有背景，父母都是忠厚老实的农民，家境比较贫困。

入冬后的一天，外面下起了大雪。几个农民工来店里吃饭，他们的身上、脚上都是雪。进店以后，他们就把袜子、鞋子都脱下来放在暖气上烤。赵文见状，连忙过去制止，说："你们可以把袜子洗一下晾起来吗？不要放在这里烤。"几个农民工一听不愿意了："我们乐意放在这儿烤，你管得着吗？"赵文说："这是我们饭店的制度，你们这样做会影响到其他客人吃饭的。"还不等赵文说完，其中一人就骂骂咧咧地站起来，推搡了赵文一把，还堵住他的去路。赵文气不过，觉得他们凭什么不讲理还要打自己，于是抄起旁边的啤酒瓶砸碎就扎了过去。被扎的那人立马捂住脸蹲下了身，血从指缝间渗了出来。经医院诊断，伤者为鼻骨骨折、面部深度划伤，经鉴定为轻伤（偏重）。赵文因涉嫌犯故意伤害罪被起诉至法院。

这个案件的案情本身并不复杂，但令人奇怪的是，赵文的老板居然等在看守所门口，缠着法官要求替赵文赔偿被害人的经济损失，还说要多少赔多少，而且不管赵文被判多长时间，只要他出来，还要继续雇用他。赵文的老板与他非亲非故，为什么会这样慷慨地帮助他呢？

原来，赵文初到北京时刚满16周岁，当时他的父亲病重，为了凑医药费，赵文不得不辍学出来打工。与其他刚来北京的务工者相比，赵文运气不错，正好赶上一个新开的饭店缺人手，老板就雇用了他。刚来的那天，老板让赵文在值班室帮忙看着，房间里的抽屉开了一道缝，隐约可以看到里面有很多零钱，窗台上还放着一包点心。赵文已经一天没有吃饭了，但是看着面前打开的抽屉，赵文没有伸出手去，也没有私自拿点心吃。直到晚上10点多，老板终于给赵文端来了一碗热腾腾的面条，赵文很有礼貌地说了声“谢谢”，才开始狼吞虎咽地吃起来。往后的第二天、第三天……仍是如此。一个月后，老板让赵文当了店里的收银员。就这样，赵文干了一年多，账目从来没有出现过任何差错。

老板对法官说：“赵文是个好孩子，虽然这次不够冷静，跟人打了架，但的确是对方先欺负他的，有责在先。这个孩子特别诚实可信，所以只要他出来，我还要雇用他！”

在提讯赵文的时候，法官曾经问他：“你当时那么饿，为什么没有拿零钱给自己买吃的，或者自己去拿点心吃呢？”赵文说：“小时候我爸爸对我说，你看见有谁是偷东西发财的吗？穷也要穷得有骨气，饿死也不能偷拿他人的东西！我爸爸现在已经去世了，但是他一辈子都没有占过人家半点便宜，全村人都很敬重他。”听到这番话，我们终于明白赵文为什么能够得到老板的信任了。赵文后来被判处了缓刑，仍然在原来的饭店做收银员，表现一直很好。

赵文的父亲虽然没有什么文化，但是他却用朴实的观念教导赵文诚实是无价的，而正是这份诚实使赵文得到了老板的信任和赏识。将赵文从犯罪的深渊中解救出来的，其实是他自己。

赵文的故事让我们看到，对孩子进行诚信教育，将会让孩子受益终生。

犯错是难免的成长代价

诚实是一个人的立身之本，人与人之间的信任是建立在诚实的基础之上的。但是，现在一些孩子小小年纪就会撒谎，很让家长头痛。其实，孩子撒谎不能简单地认为是道德品质问题，但也要引起家长足够的重视。

一般来说，孩子撒谎与家长不科学的应对策略有很大关系，当家长发现孩子有撒谎行为时，建议不妨用下面的几种方法进行处理：

耐心了解孩子撒谎的原因

当孩子开始撒谎时，父母不要简单粗暴地上纲上线，认为孩子撒谎是道德品质问题，而要细心地了解孩子撒谎的原因，因为撒谎的背后很可能是孩子身上出现了问题，使孩子和父母之间出现了隔阂。

有些孩子撒谎是因为害怕父母到处张扬自己的缺点，比如当孩子一次考试失利，被父母恨铁不成钢地扩散至家族群中，引来众多亲戚的指指点点，那么当孩子下次考试时就可能产生畏惧心理，即使再考差也不会跟家长说了。因此，当父母发现孩子撒谎时，不要立即当众指责或教训他，最好是另找一个合适的时间单独与孩子谈谈心，仔细了解孩子说谎的原因。比较小的孩子由于没有什么判断能力，往往把心里想的当作事实说出来。家长要用心去体会孩子的内心需求，而不是简单地责备孩子说谎，并且要耐心地教导孩子区分现实和幻想。如果孩子撒谎是为了避开痛苦的经验或回忆，父母则要真诚地关怀孩子，鼓励他直面问题，敢于承担责任。

变惩罚为鼓励和引导

用奖赏孩子说真话的积极方式，代替用打骂、惩罚、斥责孩子说假话的消极方式来对待孩子。有些家长对孩子成长过程中出现的缺点和错误，不是采用正面的教育方法，而是乱用惩罚的手段。然而惩罚过后，孩子并不知道自己错在哪里，为什么错，反而吸取了反面教训，以后再遇到类似的情况，就用撒谎来掩盖。用严厉的惩罚来威胁孩子，往往会让孩子说更多的谎，以便逃避惩罚。所以，父母应当理解孩子的恐惧情绪，容许孩子犯错，让孩子有说实话的勇气，孩子说实话时要及时给予鼓励。

举个我身边的例子。我一个邻居的孩子向母亲要了 10 元钱，去买上课用的画笔。孩子买好画笔回家的路上经过一个冷饮店，忍不住用剩下的钱买了一根雪糕。但他怕被妈妈责怪，回家后并没有说实话，而是说：“售货员阿姨没有给我找钱。”孩子撒的谎是很容易被大人识破的，这个孩子的妈妈发现问题后比较冷静，她没有用打骂的方法逼孩子说实话，而是让孩子好好想一想，是不是买了其他东西自己却忘记了。这样做向孩子暗示妈妈已经知道了实情，但希望孩子自己诚实地讲出来。结果，孩子很羞愧地坦白了自己的错误，并表示今后不再说谎了。

巧用情景假设

作为家长，要了解自己的孩子，对孩子提出的要求要符合孩子的心理水平和个性特点，并督促孩子随时随地用诚实的标准检查自己的言行。家长可以通过情景假设的方式：让孩子作为被欺骗的一方，体会被欺骗的感觉；也可以让孩子作为撒谎的一方，使他们从思想上认识到说谎的人是交不到朋友的，因为这种人得不到大家的信任，而且会被人瞧不起。

俗话说，好父母造就孩子的好品格。要想培养一个诚实的孩子，父母就要以身作则，给孩子树立诚实的榜样。故事中赵文的父亲给孩子树立了讲诚信的榜样，影响了孩子的言行，使孩子受益终生。同时，也要教导孩子正确认识社会现象，学会正确处理人际关系，区分交际语言和说谎的不同，明白什么是善意的谎言，什么是真正的谎言，什么话不应该当真，什么话应该牢记于心。

六、敬畏生命，才能平安长大

独占朋友

张瑞（男）是一个 17 岁的少年大学生。他很有天分，一年前因获得多项全国学科竞赛奖牌而被提前保送到大学。进入大学的他依旧沉迷于学术，苦心钻研，原本性格就很内向的他在大城市的求学之路上变得更为与世隔绝，他没有一个好朋友，总是一个人独来独往。

直到上大学的第二年，张瑞结识了热情开朗的杨光（男，18 岁），两个人很投缘，无话不谈，形影不离。张瑞对自己这个唯一的朋友十分依赖，同时也很紧张，总是害怕失去这份友谊。两个男生的密切交往引来了周围同学的流言蜚语，张瑞对此不以为然，但杨光却因此而渐渐疏远了张瑞，找到了新的朋友。张瑞觉得自己遭到了背叛与欺骗，充满怨恨的他决定对杨光进行报复。他偷偷地将实验室里的剧毒物质铊带走，将 100 毫克铊掺进了杨光日常喝的奶粉中。一袋奶粉很快就喝见了底，杨光也逐渐出现了呕吐腹泻、胃肠绞痛、心动过速等中毒迹象，经医院鉴定为铊中毒，且用量已足以致人死亡。经过及时抢救和治疗，杨光脱离了生命危险。杨光的父母报案后，犯罪嫌疑人张瑞被公安机关抓获，他因涉嫌犯投放危险物质罪被起诉至法院。

原本聪颖上进的大学生张瑞，为什么会因为人际关系稍微受了一点挫折，就选择通过伤害甚至剥夺他人生命的手段来加以报复呢？现在的大学生的确面临着空前的竞争压力；同时，由于多数孩子都是独生子女，从小在父母的精心呵护下长大，所以普遍存在着心理承受能力弱、人际交往应对能力低的问题。但是，少数孩子因心理脆弱失衡，极端者甚至自杀或者杀人。这就令我们不得不认真反思了。这种现象发生的原因在于我们教育孩子的时候，忽视了生命教育这项重要的内容。生命教育的意义就是让孩子们认识到每个人的生命只有一次，应当尊重生命、热爱生命，不仅要珍惜自己的生命，也要对他人的生命常怀敬畏之心。

故事中的张瑞由于自己的情感受到挫折就想要伤害他人的生命，这是对他人宝贵生命权利的漠视和不尊重。生命意识淡薄同样也会表现在对自己生命的轻视。1997 年，一位刚刚考入哈佛大学一个多月的中国留学生，仅仅因为与别人发生了一些争执，就从学校图书馆的四楼跳下去自杀身亡。这位留学生选择纵身一跃结束内心的痛苦，却没有想到每个人的生命只有一次，失去就不能复得，也没有想到父母养育自己的辛劳和师长朋友对自己的付出。

生命只有一次，人人都要珍视

孩子在成长的过程中，认知能力不断加强，在逐步接触社会和适应社会的过程中，难免会产生一些消极情绪，比如恐惧、悲哀、愤怒等，这些消极情绪会干扰或抑制人的认知能力。青少年自杀者的情绪往往就具有严重的消极性，如极端的失望、孤独、焦虑和困苦等。这不同于一般的消极情绪，过几天或一段时间后就会慢慢缓解，而是已经达到无法摆脱的绝望地步，所以这是一种很危险的情绪，会导致自杀行为的发生。

有关资料显示，我国青少年自杀者，特别是青少年学生自杀者，往往内心十分痛苦，觉得自己不被理解，分数的压力、家长的训斥、老师的不满……通通加剧了他们内心的这种痛苦，使他们难以解脱和自拔。而独生子女往往在家里受到过分的宠爱，父母对孩子过分迁就，无条件地满足孩子的各种要求，往往使孩子从小养成了一种以自我为中心的性格，根本不知道生命的可贵、子女的义务、社会的责任。一旦遇到不顺心的事情，他们往往反应十分强烈，根本接受不了，更容易产生这种危险情绪。这个时候如果没有外力的化解，就很容易一时冲动，走上轻生的道路。

针对这种情况，在对青少年进行思想教育的时候，加入生命的教育就显得格外重要，格外迫切。

首先，要让孩子明白生命的意义和价值，明白生命不仅仅属于自己，还属于家庭、社会和国家。生命受之于父母，父母含辛茹苦、日夜操劳地将一个只会啼哭的婴儿养育成人是多么不容易，我们要珍爱生命，懂得回报。记得一次母亲节的演讲晚会上，一位女同学深情地说："别小看了我们的名字，那三个字里面包含了母亲的嘱托和父亲的厚望，那三个字里容纳了一个家族的荣耀和希望；别轻视自己的生命，那里面有父母的血和我们相融相通，我们要用爱、用成绩来回报……"

生命是父母给予的，一个幼小生命的成长，不仅凝结了父母和家人的心血，同时也凝结着社会和国家的关爱与投入，每个人都应当好好地珍爱自己的生命，好好地展现生命的价值，而没有任何轻视生命的权利。

其次，现在每个家庭大多只有一个孩子，有的家长对孩子过于溺爱，造成孩子心理上的自我意识过强。在成长的过程中，这类孩子往往害怕面对困难、面对逆境，遇到问题缺少主见，长大后遇到不顺心的事情就容易钻牛角尖，做出轻生的举动。

所以，对于这类孩子，家长一定要引导他们多接触社会，参与社会实践，进行适当的人际交往，让他们走出家庭的小圈子，提前体验社会生活，真正了解一个人的社会价值和人生意义。同时，也要让孩子们认识到每个人的生命因承载了他人的情感而更加宝贵，父母的亲情、师长的恩情、朋友的友情等等，无论是伤害自己还是他人的生命都是在间接伤害着那些付出真情的人们。生命并不是虚无的，生命因真情而无比珍贵。

同时，还要加强对孩子的心理辅导。在这方面家长和学校要密切配合，有针对性地帮助孩子化解消极情绪，学会自我解压、自我平衡的方法。

再次，父母要为孩子做出榜样。父母是孩子的第一任老师，家庭的影响是潜移默化的。如果在孩子眼里，父母热爱生活，珍惜生命，有理想，有追求，懂得创造，乐观向上，活得有滋有味、非常有价值，那么他们就会在潜移默化中受到影响，形成健康的心理和坚强的性格。遇到问题和挫折时就会想办法解决和克服，而不会采取放弃生命这样极端的方法来寻求解脱。

试想，在以上提到的两个案例中，那些选择以极端手段剥夺他人生命、放弃自己生命的孩子，如果他们的父母在对子女的教育过程中能够意识到生命教育的重要意义，让孩子懂得生命的宝贵，也许这样的人生悲剧就不会发生。

第四章

法律意识是最好的武装

一、虚拟世界不是法外之地

校园“大V”

李楠[①]（男，13岁），是初中一年级学生。他的父母都是金融机构的高管，家里经济条件不错，所以李楠刚上初中，父母就给他买了一部iPhone 6手机。李楠高兴极了，拿到手机后立刻给自己开通了微博，昵称叫“贵公子”，班上很多同学都成了他的微博粉丝。

王贝（女，13岁），是李楠的同班同学。作为家中的独生女，她自幼乖巧听话，学习成绩名列前茅。上初中后被选为所在班级的学习委员，每天督促同学们及时交家庭作业，整理后再交给老师。

李楠用新手机开通微博后，每天都要登录查看自己的粉丝数量是否增加。渐渐地，他觉得自己的朋友越来越多，自己的影响力也越来

① 北京市海淀区人民法院：《传递法律关爱，护航花季人生——给青少年朋友讲的10个民事法律小故事》：二、发微博、网络留言、转帖，小心侵害他人民事权益。本书根据原案例线索进行了改编。

越大，必须多花一点时间来更新微博，和粉丝们互动。他上课常常心不在焉，听不进老师讲的知识；回到家更是手机不离手，根本顾不上写作业。

王贝作为学习委员，经常催李楠交作业，而李楠总是以“忘带作业本”为借口推脱。再三催促无果后，王贝只好把李楠不完成作业的情况汇报给了老师。老师知道后，在课堂上批评了李楠，还打电话通知他的家长到学校来了解情况。李楠对此怀恨在心，他觉得这些麻烦都怪王贝在老师面前说了自己的坏话，因此决定通过恶作剧来“报复”一下王贝。

在初二第一学期期末考试中，王贝考了年级第一名。成绩公布后，李楠在他的微博上发文称：“靠作弊换来的第一，给我我也不稀罕！”这样明显的影射，使作为其微博粉丝的同学们对王贝的成绩和品行都产生了怀疑，议论纷纷。

初二第二学期，王贝又一次当选为学习委员，并且一如既往地每天催促李楠交作业。李楠不胜其烦，在微博上连续发文，不仅说“某人为了当上学习委员，私下里请同学们吃饭，拜托他们给自己投票”，还说“某人经常在老师面前贬低其他同学，就是想让老师觉得她是最优秀的学生，这种人就该被叫成‘长嘴婆’”。这些博文被不少同学看到，他们都在背后对王贝指指点点，有些同学看到王贝就阴阳怪气地喊她“长嘴婆”，老师也找来王贝的父母了解情况。王贝感到自己在学校被孤立了，虽然觉得很委屈，但不知该如何为自己辩解。一直都是“好学生”的王贝，觉得老师向自己的父母了解情况，是因为她不再被老师信任了。这样的想法总是挥之不去，不久，王贝开始害怕上学，不愿开口与人交谈，对任何事情都提不起兴致。父母很着急，带她去看心理医生，结果，王贝被确诊为轻度抑郁症。医生建议她在家休养，并辅以药物治疗。

经过多方打听，王贝的父母得知是李楠的微博引发了同学们对王贝的误解，造成了王贝精神压力过大以致患病。王贝的父母找到李楠，要求他删除不实言论，并在微博上发表道歉声明。李楠坚持认为，自己发微博只是一个小小的恶作剧，况且网络本来就是言论自由的地带，自己的微博也没有指名道姓，王贝没有理由认为说的就是她，因此拒绝删除博文。

由于与李楠协商未果，王贝的父母以其女儿名誉权受到侵害为由，将李楠及其监护人（李楠的父母）起诉至法院，要求李楠删除相关微博内容，向王贝赔礼道歉，并赔偿治伤损失费、精神损害抚慰金等共计人民币十万元。

经法院审理认为，被告李楠故意编造王贝“考试作弊”“当班干部拉选票”等谣言，并将不实信息发布在网络上，还给王贝起外号。这些不实信息在王贝生活和学习的范围中进行了扩散，对王贝的名誉造成了不良影响，并导致她因精神压力过大而患抑郁症。李楠的行为与王贝名誉受损、精神损害之间存在因果关系，侵犯了王贝的名誉权。在这种情况下，王贝有权要求李楠承担停止侵害、赔礼道歉、赔偿精神损失费等法律责任。

网络言论要负责

这个故事给每位家长都敲响了警钟。随着科技的发展，我们的日常生活跟网络越来越密不可分，想要完全屏蔽孩子与网络的联系基本上是办不到的，那么，我们应当如何教育孩子正确使用网络，遵守网络规范秩序，避免触犯法律呢？

首先，要让孩子知道，互联网并不是法律的真空地带，法律既保护公民在网上发表言论的自由，又保护公民不受网络言行侵害的权利。在这起案件中，无论是在现实生活中还是网络世界里，王贝的名誉权都受法律保护。在网上故意编造有损他人名誉的谣言属于违法行为，应当承担法律责任。

其次，在互联网高度普及的当下，父母对于未成年人网上违法行为应当积极关注，做好预防教育工作。要让孩子们知道网络是一把双刃剑，“网络世界很精彩，天使魔鬼共存在；天使帮你长见识，魔鬼让你受伤害。火眼金睛早练就，真假善恶要分开；虚拟世界莫迷茫，法律法规记心怀。”在这个案例中，如果李楠的父母有法律意识，平时主动给孩子做一些相关的法治教育，那么李楠知道造谣属于违法行为，可能就不敢在网上发表不实微博、侵害王贝的名誉权了；如果父母对孩子多一些关注，及时发现李楠造谣的微博，并督促他删除，那么也就不会发展到两个同班同学一个患上抑郁症、一个成为民事被告人的地步了。

再次，法治教育也离不开道德教育。作为父母，平时要多给孩子灌输与人为善的思想，让孩子学会换位思考。告诉孩子，同学之间要相互尊重、包容，有矛盾要友好沟通、协商解决，而不是编造谎言、诋毁他人。

此外，需要特别注意的是，犯了错误接受惩处后，一定要让孩子彻底认识到自己错在哪里，从中吸取教训。根据我国《侵权责任法》第三十二条，“无民事行为能力人、限制民事行为能力人造成他人损害的，由监护人承担侵权责任”。本案中，由于李楠未满18周岁，属于限制民事行为能力人，其侵权行为给王贝造成的经济损失由其父母承担赔偿责任。如果家长不重视对孩子的事后教育，很容易让孩子产生“无论我做错什么，我爸妈掏钱都能摆平”的错误观点，对孩子以后的成长是很不利的。古语说，“人非圣贤，孰能无过？过而能改，善莫大焉”，让孩子从错误中吸取教训，错误也能变成人生的一笔宝贵财富。

二、君子爱财，取之有道

一念之差

李涵是一名17岁的中学生，出生在一个很好的家庭里。李涵的爷爷是著名的科研工作者，父母都是知识分子，他们对孩子的期望值很高。李涵在这样的环境里长大，他学习勤奋，成绩优秀，年年都被评为“三好学生”。

然而，自从上了初二以后，李涵迷上了网络游戏。他经常逃课，有时候甚至在网吧打游戏过夜。他把大部分的生活费，甚至吃早餐的钱，都用来购买游戏装备。由于没有好好上课，也不能好好休息，他的功课很难跟上，甚至出现了考试作弊的行为。李涵的父母在物质上很纵容他，本来已经给他买了两台游戏机，但是他仍然不满足，想再要一台日本进口的“世嘉”牌游戏机。父母考虑他已经有了两台游戏机，而且正面临升学压力，应该把心思放在学习上，所以在他的几次索要下，都没有答应。

李涵因为这件事对父母产生了逆反心理，从此，父母的说教他都听不进去了，父母越不让做的事他就越想做，因此，他想购买游戏机的欲望也越来越强烈。

周末的一天，李涵到同学家玩网络游戏。两人正玩着的时候，同学被他的妈妈喊去帮忙。同学离开后，屋里只剩下李涵一个人在玩游戏，玩着玩着，李涵想找一盘游戏卡，看到桌上有一串钥匙，便用钥匙打开了写字台的抽屉，发现抽屉里有一个厚厚的信封，他感到里面可能是钱，便产生了用这笔钱买游戏机的念头。慌乱中，他也没敢打开看，就把信封装进自己的书包，离开了同学家。回到家后，李涵偷偷打开信封，发现里面装的真是钱，他数了数，居然有8000元。这时候他有些后悔了，并不是因为他偷了钱，而是觉得自己偷的钱太多了。他本想把钱还回去一些，可是又不敢。他想，万一被发现了，顶多就是让爸妈还他钱就是了，自己家的经济条件这么好，父母对自己也很好，不会还不起这些钱的。

然而事情哪有他想的那么简单？同学家长发现抽屉里的钱丢了，就报了案，作为犯罪嫌疑人，李涵被传唤至派出所，经讯问，李涵如实交代了盗窃的全部事实，其因涉嫌犯盗窃罪被起诉至法院。

从违纪到违法，只有一步之遥

李涵原本是一个好学生，家庭条件也不错，可是怎么会实施盗窃行为而触犯法律红线呢？这个故事中有哪些值得家长反思的地方呢？

给孩子必要的法治教育

从客观上来说，李涵确实犯了盗窃罪，但是从内心活动来看，这个孩子根本没有意识到自己的行为是触犯法律的。当法官问他：你是否知道失主报告派出所是什么含义？是否知道派出所找你是什么意思？是否知道偷拿人家 8000 元钱的后果是什么？此时，李涵只是一个劲儿摇头，什么也回答不上来。

显然，李涵的父母平时给他的法治教育太少了，他并不知道失主报告派出所是立案侦查的前提，一旦达到立案标准，就要启动侦查程序；派出所找他意味着他有可能涉嫌犯罪，需要对他进行讯问；偷拿他人钱财的行为不仅仅是简单的不道德行为，并不像李涵认为的“归还就可以了”，当偷窃数额达到刑法规定的较大数额的标准时，就是触犯刑法的犯罪行为，会被追究刑事责任；一旦构成犯罪，就要被追究刑事责任，受到刑事处罚。

以上这些，可能很多家长心里也不是很清楚。可见，家长应当首先提高自己的法治意识和法律观念，并在日常生活中潜移默化地传递给孩子，让孩子敬畏法律。

法律不容许有侥幸心理

近几年，我们发现中学生沉迷网络游戏，不能控制自己而偷拿他人钱财的案件屡有发生。其实法律离我们并不遥远，不能抱有侥幸心理，认为别人发现不了，就铤而走险，以身试法。有贪财心理，见财起意，又不懂得用法律约束自己的行为，很容易违法甚至犯罪，结果只能是自毁前程，为自己的行为付出沉痛的代价。

违纪与违法之间没有不可逾越的鸿沟

从沉迷游戏、逃课、考试作弊等违反校规校纪的行为到盗窃犯罪，这中间没有一条不可逾越的鸿沟。在小事上不严格要求自己，就会导致犯大错。学生的天职是学习知识、丰富自己，考试是对学习成果的检验，只要好好学习，就能坦然应对考试，而考试作弊是用违纪手段骗取不真实的学习成绩，有失人格；盗窃犯罪是不劳而获，把自己的享乐建立在别人的痛苦上，盗窃得来的钱花起来容易，但却是可耻的。所以，家长在孩子犯小错时就应当及时纠正，正确引导，告诉孩子只有诚实劳动得来的成果才是值得赞扬的。

对待青春期的孩子要讲究方式方法

青春期的孩子很容易产生逆反心理，因此家长在与青春期的孩子沟通时，不能一味说教，而要讲究方式方法。在家里应当营造一种民主、轻松的氛围，尊重孩子的正当需求，与孩子平等对话，重视双向的沟通。面对孩子的物质需求，家长应当讲清楚不买的理由，让孩子认识到物质的诱惑是无尽的，引导孩子正确消费，养成节约的意识和习惯，把精力更多地放在学习上。同时，家长也要严格要求自己，让自己的一言一行成为孩子道德上学习的榜样。

要有避嫌意识

《中学生日常行为规范》第12条规定，未经允许不进入他人房间、不动用他人物品、不看他人的信件和日记。家长也应当教育孩子：没有经过别人许可，不能随便动别人的东西；不要单独待在别人的房间里，如果遇到独处的情况，应当尽快离开。李涵在同学不在的情况下，仍然留在同学的房间里，且私自用桌上的钥匙打开了人家写字台的抽屉，最终因为看到装钱的信封，一时没有抵挡住诱惑而犯下大错。所以，家长应当让自己的孩子从这个故事中吸取教训。就算孩子品行良好，不会做出偷东西的行为，也要有避嫌的意识，以免引起误会，给孩子幼小的心灵留下阴影。

三、不可忽视的“第一次”

“小淘气”的第一次

16岁的陈亮是某中学初中三年级的学生，在同龄人备战中考，准备迎接人生中的重要挑战时，他却因犯盗窃罪被判处有期徒刑一年。让人痛心的是，导致他走向犯罪道路的，竟然是他的母亲！而事情的起因，其实就是一些小事。

陈亮是家里的独生子，备受父母的疼爱。他的妈妈是个普通工人，每天都要起早上班，挣的工资也不高。一个寒冷冬天的早晨，陈亮被闹钟吵醒了，妈妈翻了个身，说：“天这么冷，妈妈真不愿意起来啊。”小陈亮说：“那妈妈就不要去上班了。”妈妈叹口气，说：“唉！不去上班就没有工资，没有钱你吃什么呀？小亮啊，要是不上班也能挣钱就好了。”妈妈发完牢骚，还是不情愿地起床去上班了。但妈妈的话却在陈亮幼小的心灵里扎了根，他望着妈妈走进寒风中的背影，心里不禁天真地想：是啊，如果不上班也能有钱买好东西，那多好啊！

转眼间，陈亮5岁多了，小家伙个头长高了不少，头脑机灵，很讨人喜欢。一次跟妈妈一起乘坐公共汽车，当售票员要看看陈亮的身高，决定他是不是需要买票时，妈妈下意识地用手摁了摁他的头，陈亮很机灵地领悟了妈妈的意图，把头缩了缩，把腿弯了弯。售票员见他身高不够，就没让他买票。下车后，陈亮得意地问妈妈："怎么样？"妈妈竟连声夸赞儿子机灵、有眼色、反应快，还嘟嘟囔囔地说："我们孩子还没上学，凭什么买票呀！"就这样，他们母子配合，一直逃了半年多的车票。

不久后，陈亮上小学了。妈妈经常将单位的纸张、笔、本拿回家。陈亮有一次也学妈妈的样子，把同学的一个精致的转笔刀偷偷拿回了家。恰好被妈妈发现后，陈亮怯生生地说是同学送给他的，本想着妈妈会追问，可是正忙着做饭的妈妈却笑着对他说："小亮真有人缘，都知道往家里挣东西了！"有了这次经历，陈亮似乎胆子大了些，又把别人的乒乓球拍拿了回来。这次妈妈没有上当，说："人家怎么老送给你东西呢？"陈亮只好说了实话，心想妈妈肯定会生气，弄不好还会挨顿打。可是，妈妈只轻描淡写地说了句："下次别这样了，让人家发现了多寒碜啊！"后来，陈亮又拿了同学的玩具，有人上门告状，陈亮的妈妈不仅没有狠狠地教训儿子，反而说："我们小亮也不是故意的，拿来玩两天，就会还给你。"

母亲一次次的庇护和放纵，使陈亮不劳而获的念头不断得到强化，给内心本来还有些愧疚的陈亮带来了不良的导向，模糊了他的道德认知和辨别是非的标准，使他养成了爱占小便宜的坏习惯。

俗话说："小时偷针，长大偷金。"随着年龄的增长，进入青春期的陈亮和同伴互相攀比，看见同学使用名牌多功能手机，十分羡慕，便跟父母要，父母没有钱，也认为没有必要用这么高档的手机。一天，陈亮趁同学不备，偷拿了同学的一部 iPhone 6 手机，经鉴定，价值人民币 5000 余元。后陈亮被查获归案，因涉嫌犯盗窃罪被起诉至法院。

对孩子第一次不良行为及时说“不”

这个故事，让我们想起清朝光绪年间那个“临刑责母”的故事。讲一位母亲对自己孩子的偷窃行为不但不予制止，反而给予鼓励，使孩子从第一次偷一个鸡蛋、一块肉发展成江洋大盗，最终被判处死刑。临刑前，这位偷窃者似有醒悟，当众痛斥了母亲对于自己第一次偷窃行为的纵容。这则故事至今听来仍发人深省，并让天下的父母都引以为戒：大错由小错积累而成，千万不要听任小错发展。如果第一次犯错得不到制止、受不到教育，就会有第二次、第三次，因为人的欲望是没有止境的，因此对孩子的第一次不良行为要及时说“不”。

试想一下：如果陈亮的母亲意识到家长言传身教的重要作用，不在无意中向幼小的孩子灌输不劳而获的思想；如果陈亮第一次无意识的逃票举动得到母亲的纠正而不是鼓励；如果陈亮第一次把小朋友的东西拿回家，母亲刨根问底并及时制止；如果母亲知道陈亮第一次的偷拿行为时，能够给他讲清这种行为的性质，让他学会换位思考，体会被盗事主的痛苦，并责令把东西送还；如果母亲在陈亮第一次偷拿他人财物时，让孩子知道违法犯罪行为对自己、对家庭、对社会的危害，和应当承担的法律责任；如果第一次有人上门告状时，母亲不是包庇而是给予严厉的批评，并深究为什么屡次出现这种行为，及时对症下药进行教育，那么陈亮也许就不会一错再错，更不会违法犯罪了。

陈亮走上犯罪道路的案例具有一定代表性，当作为普通工人的父母无法满足他的非分需求时，他就不劳而获，把自己的享乐建立在他人的痛苦上，偷拿他人的财物，最终触犯了法律，受到了法律的制裁。陈亮说："我看到自己想要的东西，如果不拿走，就好像自己的东西丢了一样，感觉自己吃了多大的亏。"

一方面，父母是对孩子影响最大、最深的人，父母的一言一行对孩子具有深刻的影响；另一方面，它更说明任何不良行为都是一次次小错得不到纠正而不断强化的结果，作为负有监护责任的父母，当发现孩子的"第一次"不良行为时，一定要及时给予教导，教会孩子明辨是非与善恶，不断强化正确的行为和选择，养成良好的行为习惯，这是每一位父母应当履行的教育监护职责。

有的父母对此还缺少认同，他们觉得孩子年龄小，管也没用，挂在嘴边的口头禅就是："树大自然直，跟吃奶的孩子较什么劲呀。"其实，这是一种认识上的误区。纵观一个个未成年人犯罪的案例，我们发现，他们大多经历了一个从量变到质变的过程：非分需求——不良行为——违纪违法行为——犯罪行为。其中，周围成年人的行为，尤其是父母的行为，对他们的影响是具有渗透性的，是非常深远的。

所以，家长在平时教育孩子的时候，要以身作则，将道德意识、规范意识潜移默化地渗透到孩子的心灵深处。

首先，家长应当以身示范，给孩子做出好榜样。比如，早晨孩子不愿意起床去上幼儿园，妈妈可以对孩子说：“被窝里确实挺舒服的，妈妈也想赖在被窝里，不去上班。可是，不上班可不行呀！爸爸妈妈要是不去上班，就没有钱买吃的和用的，没法养你。你要是不去幼儿园，不学习知识，将来就找不到工作，也没有钱来养活自己。那你多可怜啊！”另外，把单位的办公用品占为己有，令公家受到损失，也是不道德的行为，要在孩子的心目中树立一个有责任心的、勤奋的好榜样，告诉他任何人都不能不劳而获。

其次，做父母的千万不能因为孩子小而忽视他们的道德细节。习惯都是从小养成的，大错都是从小错累积和发展而来的。一旦发现孩子有不当行为，就应当及时予以制止并进行教育，不能迁就。当然，教育孩子也要讲究方式方法，要站在孩子的角度平等对话，不能简单粗暴。比如，孩子在幼儿园咬了小朋友一口，老师已经告知了双方家长，并做了口头批评。回到家以后，可以先问孩子：“你为什么要咬人呢？”孩子可能会回答：“我想跟他玩，他不理我，我就咬了他。”这时候可以严肃地对孩子说：“你咬了他，他就跟你玩了吗？肯定更不跟你玩了。以后小朋友都知道你爱咬人，慢慢地都不理你了。咬人是粗鲁的行为，没有人爱跟粗鲁的人交朋友。对吗？”当孩子认识到自己的错误后，鼓励孩子亲自给对方打电话向对方道歉，并且对孩子说：“这是你自己犯的错误，只能你自己承担，妈妈替你道歉是没有用的。”

总之，要让孩子懂得自己的行为是不能随心所欲的，是要受到规范和道德约束的。

四、十件好事无法抵消一件坏事

“好少年”大反转

一天傍晚，来自某中学的三名初中三年级学生张强（男，17岁）、王君（男，16岁）、李庆（男，16岁），路遇一起交通事故，肇事者在首都体育馆前的马路上撞伤了一位陌生老人后驾车逃逸。三名少年义愤填膺，一面谴责肇事者的不义，一面迅速跑去救助被撞伤的老人，他们打了一辆出租车把老人送到医院，并掏出兜里所有的零花钱，凑齐了打车费、挂号费等。三名少年怕老人寂寞，又一直陪伴在老人的病床前，直到老人的家属赶来，他们才离开。事后，老人的家属亲自将一面绣有“车祸无情人有情，见义勇为好少年”的锦旗和表扬信送到学校，当面向学校表达了他们的感谢之情。《北京晚报》《北京日报》等新闻媒体也报道了他们的事迹。

该校曾获得“精神文明先进单位”“综合治理先进集体”等多项荣誉，

全校师生一直引以为豪。因此，学校特意召开了全校大会对这三名学生的事迹进行表彰，授予他们“学雷锋、树新风好少年”的荣誉称号。没想到，正当全校师生为学校获得的荣誉和学生的优秀表现而高兴时，当天大会刚刚结束，派出所民警便来到学校，将受到表彰的这三名学生带走。

在派出所里，他们交代了盗窃自行车的事实。原来，这三个少年在救助老人之后，接着又到居民区去偷盗自行车，此后又连续作案，涉嫌犯了盗窃罪。

三名学生偷盗自行车的犯罪事实给全校师生当头浇了一瓢凉水，大家对此感到既愤怒又震惊：怒的是这三名学生的不法行为使学校保持多年的良好声誉蒙受了损失；惊的是这三个学生竟是刚刚受到表彰的见义勇为好少年。

老师和同学都感到很困惑：张强是独生子，平时活泼好动，乐于助人，学习成绩在中上水平；王君，热情莽撞，喜欢新鲜事物，学习成绩也不错；李庆是共青团员、班干部，有人缘，群众基础好，学习成绩优良。三个少年都没有前科记录。这样的三个少年，怎么会是盗窃犯呢？

在法院的提讯室里，审理此案的承办法官也在思考同样的问题。看着面前三位少年那迷茫而胆怯的目光，无论如何也不能将他们与结伙作案的盗窃犯联系起来。

张强向承办法官交代了自己的作案史。

一年多以前，张强的山地车被盗，一想到自己再也不能穿着铁钉夹克骑着它在同学面前炫耀了，他感到无比懊恼。有一天，他突发奇想：既然别人偷走我的车没有受到任何惩罚，我为什么不可以把别人的车偷回来作为补偿呢？从想法到行动只有一步之遥，张强“勇敢”地迈出了第一步。他没有想到整个偷盗过程如此简单顺利。第二天，当他骑上“搬”来的“新车”出现在同学们面前时，他看到他们眼里流露出了羡慕和叹服，张强心里得意极了。

尝到了偷车的甜头，张强的心再也无法平静下来。一次过生日，张强想与王君、李庆一块儿去吃韩国烧烤，便向父亲要钱，可父亲认为花这些钱毫无意义，拒绝了他。沮丧之余，张强想到了老办法。于是，在张强的建议下，伙同王君、李庆三人连续盗窃作案，总共窃得永久牌跑车一辆（价值人民币1600元）、凤凰牌山地车一辆（价值人民币1700元）、千里达山地车一辆（价值人民币1500元），他们分别以人民币80元的价格将这三辆自行车卖给了低年级的同学。拿到了钱，三个人跑到烧烤店痛痛快快地大吃了一顿，觉得人生之乐，莫过如此。

从此以后，只要没有零用钱花，张强等人就会出动，到没人的地方去“搬”一辆防守不严的山地车。就这样，一次、两次，消息传开后，在这个学校里竟然形成了偷销自行车一条龙。到案发时，张强等三人已偷了6辆自行车，价值人民币8500余元。

在初步掌握了案情之后，承办法官与书记员来到这所中学了解三名学生的在校情况。

班主任老师随同学校领导一起接待了她们。班主任老师详细介绍了三名学生的平时表现，特别提到了他们曾在“学雷锋”活动中获得过荣誉。承办法官听到这里，心里一亮：这是三名少年人生路途中的闪光点啊！她恳切地说：“作为常年与少年打交道的老师和法官，咱们都知道，处于青春发育期的孩子思想具有不稳定性和多变性，这三名学生就是很好的例子：一面做好事，一面又去犯罪，在师长看来简直不可思议。可是这同时也说明他们可塑性强：教育不好，他们就有可能破罐破摔；教育得当，他们就会悬崖勒马，迷途知返，重新回到人生的正确轨道上来。所以对于这个年龄段的孩子犯罪，我们应当满腔热情地教育、感化、挽救他们，绝不能简单地一判推进监狱了事。如果法院对他们宣告缓刑，学校能不能接收呢？”

老师们一时无语，互相交换着询问的眼神。承办法官说的固然有道理，但是，如果这三名涉嫌犯罪的学生不但不被开除，反而堂而皇之地回到昔日的课堂，校纪校规的威严何在？学校又怎么向千百名学生和他们的家长交代呢？

承办法官看懂了校方的忧虑，耐心地给他们讲解挽救一个失足少年就是挽救一个家庭的社会意义。老师们被法官一心为孩子的精神感动了，在几天后专门为此召开的班主任讨论会上，他们达成了共识：学校本来就是教育和培养人才的地方，既然法官都有信心教育挽救他们，我们为什么不试一试给他们一次弃旧图新的机会呢？

班主任老师将校方的决定告诉了法官，她非常高兴，邀请他们去参加庭审，共同对少年被告人进行庭审教育。

在法庭上，“U”形的审判台静静地伸展着臂膀，如同慈母一般向三名少年敞开了怀抱。父母的痛心、老师的惋惜，令失足少年泪湿衣襟，而师长们一声声真情的呼唤，又使这些迷途羔羊看到了未来的希望。

承办法官双手扶案缓缓站起，凝视着面前的被告人不发一语。良久，她一字一句严肃地说道："你们学校曾经有过光荣的过去，你们做的好事曾让亲朋好友、老师同学为你们骄傲。如果顺着这条正确的道路走下去，你们的前途是多么光明啊！可是今天，你们却被关押进了高墙铁网，站在这里接受法庭的审判！这一切究竟是谁造成的？"

强烈的对比令三个孩子无地自容，他们失声痛哭起来。

"你们小小年纪，正值人生的花季，生活是厚爱你们的，未来世界对你们是敞开的。希望你们永远记住这个惨痛的教训，在哪跌倒在哪爬起来。从今以后，老老实实做事，堂堂正正做人，家庭、学校和社会是不会歧视和抛弃你们的……"

庭审教育结束后，经合议庭评议，并当庭宣判，认定三名被告人犯盗窃罪，鉴于他们能认罪悔罪，积极全部退赃，取得了被害人的谅解，且三名被告人犯罪时均未满成年，依法从轻处罚，判处了被告人张强有期徒刑三年，缓刑五年，并处罚金。王君和李庆也都被判处了有期徒刑缓刑并处罚金。

张强至今还能回忆起被释放那一天的情形：他跟着爸爸妈妈走出法庭，一缕阳光刺痛了他哭肿的眼睛。他抬起头来，看到了一片蓝天，在那一刻，他相信，那片天是他有生以来所见过的最蓝的天。

用真情感化叛逆少年

在法院少年法庭教育室里的展示柜里放着一个大玻璃瓶，瓶中装满了用彩色锡纸叠成的小星星。这是怎么回事呢？

原来，张强的班上有一位身患残疾的女孩。在犯罪以前，张强经常帮助她：背她上学放学，带她去医院看病，想方设法替她解决各种困难。女孩与他建立了深厚的友谊。知道张强犯罪后，女孩十分着急，也十分痛心。张强判处缓刑被释放后，女孩由衷地为他高兴。张强的缓刑考验期长达 5 年，女孩为了坚定他改造的决心，一连熬了好几个夜晚，磨破了指尖，赶叠出了 1825 颗美丽的小星星。女孩将闪亮的星星装在闪亮的玻璃瓶中送给张强。女孩对他说："一颗星代表一天刑期，假如这一天没有虚度，能够自律，有了进步，你就从中拿出一颗来。这样，等到星星都拿完了，你的刑期结束时，你就成为一个新人了。"张强含着眼泪捧回了这份真挚的友情。他牢记女孩的话，不敢虚度每一寸光阴，可是玻璃瓶里的星星他一颗也没舍得往外拿。后来，他将这 1825 颗小星星送给了对他始终关怀如一的承办法官，向她和少年法庭的全体审判人员表达自己由衷的感激之情。

张强满 18 岁了，承办法官向他父亲建议：给张强过一个有意义的生日吧！"他父亲回答说，儿子这么不争气，他们没心思给他庆祝生日。法官说："孩子虽然犯了罪，但我们不应该嫌弃他，只有让他感到亲情的温暖，才能促成他思想的进一步转变和成熟。过生日其实是一个教育孩子的好机会，就连入狱的少年犯，我们也会去给他们过生日的。"

傍晚，没精打采的张强回到家中，意外地发现餐桌上摆放着一个生日蛋糕！父母为他点燃了1支蜡烛。在跳动的烛光中，父亲动情地说："你今天满18岁了，我只给你点一支蜡烛，你明白这是为什么吗？你判刑已经1年了，如果没有法院法官、学校老师的教育、挽救，你今天就不会在家中和我们坐在一起！今天是你获得新生后的第一个生日。18岁意味着你已经是成年公民，今后你该时时想着为社会承担责任……"

听着父母关爱的话语，看着父母信任的目光，张强的心再次被深深震撼了。他哭着对父母说："我再也不会做对不起你们、对不起法官妈妈和老师的事了。我要拼命学习，考上大学，用实际行动报答你们对我的恩情。"从此以后，张强发奋苦读，学习成绩名列前茅。

现在，张强、王君和李庆三人已经从中学毕业，顺利考入了大学。每逢年节假日，他们都不忘给承办法官、班主任老师等曾经将他们拉回人生正途的长辈们打一个电话、去一封信。电话和信的内容是有限的，可是他们发自内心的感激之情是再多言语也说不尽、道不完的……

五、不被假象迷惑

一支特殊的“烟”

张华(男,15岁),是某中学初中三年级学生。他很机智,喜欢理工科,动手能力又强,曾在全国计算机软件编程大赛中获得二等奖,是他们学校有史以来首个获得这个奖项的学生。

张华3岁时父母离异,法院把他判给了父亲。他的父亲是某科研单位的骨干,在张华6岁时,其父调到北京工作,他也跟随父亲到北京读书。因为其父业务工作繁忙,所以张华就和爷爷奶奶在外租房居住。在他13岁时,爷爷患病去世,年迈的奶奶也回到家乡山里了,张华只好回到父亲那儿居住。这时,他的父亲已经再婚,婚后,他对再婚的妻子言听计从。张华的继母不能接纳他,经常在其父面前对张华无端挑剔,说他的坏话。

后来,父亲和继母借口家离学校远,借了一间亲戚家的平房,让他在外单独居住。张华独自在外，缺少了父母的关心和照顾，感到孤独和无助，经常睡懒觉不去上学，后来就干脆辍学在家。无所事事的他经常出入网吧，结识了一些在社会上游荡的不良人员。

元旦刚过的一天，天上还飘着雪花，一名无业男子“梁哥”（男，24岁）带着张华去打牌。梁哥长着一副大胡子，张华与他见过几面。梁哥知道张华没什么事干，就让他常来玩。

在牌桌上，梁哥递给张华一支烟，说是进口的，让他尝个鲜。张华起初还推辞了一下，梁哥说：“客气什么？烟酒不分家嘛！”张华就尝了一口，不一会儿，那种飘飘欲仙、极度轻快的感觉就令他深陷其中。一来二去，张华就离不开这种“烟”了，一打听才知道原来他抽的这种“烟”里含有海洛因，自己已经染上了毒瘾。这时，梁哥不白给张华“烟”抽了，还说：“你想抽，没关系，帮我跑跑腿就行，反正你不也闲着没事吗？”从此，为了买“烟”，张华开始替梁哥“送东西”，每次能得到50块钱的好处费。起初，张华还挺高兴，心想：跑个腿又不累，还能自己挣钱买“烟”。不久，他知道了梁哥让他去送的东西是毒品，有点儿害怕，可是如果不送自己就没钱抽“烟”了，张华忍受不住毒瘾发作起来时的痛苦难耐，只能继续替梁哥运送毒品。

后来，在一次“送货”过程中，张华被公安干警当场抓获，起获毒品0.4克，毒资1600元。张华因涉嫌贩卖毒品罪被起诉至法院。

家长放手，罪恶伸手

一个正值青春的少年为什么会吸食毒品，走上贩卖毒品的自我毁灭之路呢？毒品到底是什么？又有怎样的危害呢？

毒品是指能够使人形成瘾癖的麻醉药品和精神药品。如鸦片、海洛因、甲基苯丙胺（冰毒）等。如今毒品花样不断翻新，新型毒品往往以各种伪装的形式出现，让人防不胜防。我国目前毒品形势十分严峻，尤其是未成年人毒品犯罪，应当引起家长、学校和社会的高度重视。

未成年人正处于生理和心理发育时期，对自己的行为控制能力、对是非的判断能力都比较弱，再加上孩子们往往不了解毒品的危害，使得他们更容易受到毒品的侵害。就像案例里的张华，由于其父的再婚家庭不承认张华，让张华在外单独居住，也就没有人告诫他要警惕毒品、远离毒品，使得他缺少对毒品的认识和防范。而且张华过早地辍学，缺少了老师的指导和帮助，离开学校的他无所事事，跟社会上不三不四的“朋友”混在一起，出入法律禁止孩子进入的场所，才会被“梁哥”欺骗引诱，成为替“梁哥”贩毒的工具。

孩子们在历史课上都学过“林则徐虎门销烟”的史实，多多少少都了解一些毒品的危害性，可是光了解这些还不够，家长一定要让孩子了解吸毒的严重危害性是多方面的：

造成精神、身体的双重依赖

毒品能使人染上毒瘾，一旦吸毒，就会造成身体和精神上的双重依赖，走上万劫不复的道路。毒品在被人摄入体内后，会对身体造成高度破坏，使人的机体产生适应性的改变，建立起在毒品支撑下的平衡，从而产生对毒品的依赖性。在心理上，毒品作用于人的神经系统，会摧毁人的精神和意志力，使其自甘堕落、道德沦丧。吸毒的人每当毒瘾发作，都会承受肉体和精神上的双重折磨，还会导致各种疾病的发生。一旦吸毒，再想戒掉可就不容易了。

传染多种疾病

吸毒者一般采用静脉注射、肌肉或皮下注射的方式，存在注射器、针头、溶液的污染，以及共用注射器等情况，因此注射吸毒者很容易感染各种疾病，如肝炎、艾滋病等。

容易引发刑事犯罪

吸毒是很费钱的，为了能够支付毒资，多数吸毒者不得不采用非法方式来获得钱财，因此是诱发盗窃、抢劫、卖淫、贩卖毒品等多种违法犯罪行为的导火索，给社会带来极大危害。

损害家庭幸福和睦

家里只要有一个人吸毒，多大的家业也禁不起败。这会引发家庭矛盾，甚至导致父子反目，妻离子散，家破人亡。可见，毒品是万恶之源，千万碰不得。

未成年人正处于身体快速发育时期，精力旺盛，自己又不懂得怎样调节和支配过剩的精力，如果家长又疏于引导，就会导致有些孩子感到空虚、苦闷、无聊。而毒品往往正是在这时乘虚而入，成了弥补空虚的安慰剂。孩子们吸毒时，既带有体验毒品的向往，又带有几分争强好胜，希望以吸毒来显示自己的勇敢和胆量，满足自己的虚荣心，博得伙伴的认可。最终的结果却是染上毒瘾，坠入吸毒的深渊。

孩子们也许知道鸦片、海洛因、大麻等毒品是不能碰的，但在现在合成毒品变异加快、新类型毒品不断出现的情势下，这种简单的认识已经不足以抵御危害了。新型毒品花样不断翻新，具有很强的伪装性、迷惑性和时尚性，如冰毒、摇头丸、“开心水”等，极容易诱惑孩子们在好奇心的驱使下进行尝试。因此，家长要给孩子做必要的提醒，帮助孩子识破这些毒品的伪装。

远离毒品从拒绝吸烟开始

俗话说，“吸烟是吸毒的入门”，案例中的张华就是因为吸了他人给的含有海洛因的香烟而染上毒瘾的。因此，家长应当让自己的孩子引以为戒，不能吸烟，更不能吸陌生人给的香烟。

远离毒品高发场所

许多非法经营的KTV、迪厅、夜总会、网吧、台球厅都是吸毒犯罪的滋生地。家长应当告诉孩子，不要进入这些未成年人不适宜进入的场所，更不能在那里随便喝陌生人给的饮料、吃陌生人给的食品，以免坏人有机可乘。同时，家长也应当告诉孩子，外出时一定要看好自己的食物、饮料，离开自己视线范围就不能再吃，尤其是在酒吧、迪厅等人员混杂的场所。更不能贪小便宜，吃别人留下的食物，喝别人已经开封的饮料。

此外，家长也要提醒孩子交朋友要谨慎，远离品行不良、闲散的社会青年，以及有吸毒、贩毒等违法犯罪行为的人。

让家庭成为孩子远离毒品的港湾

在对吸毒未成年人的调查中，绝大部分人在填写最大愿望时，都写下了“家庭关爱”，这是他们发自内心的渴盼。据了解，吸毒的孩子中有的十几天夜不归宿家长都不知道，没有沟通，没有关爱，每月就是给点儿零用钱。得不到关心的孩子很容易成为夜间娱乐场所争相招揽的对象，也容易成为不法分子教唆、引诱的目标。

反面教材告诉我们，帮助孩子终生远离毒品的最好方法，是给孩子一个幸福和睦的家，营造和谐的家庭氛围，从小培养孩子高尚的人格、优秀的品德和良好的行为习惯。

另外，为了防止未成年人单独居住而得不到父母或者其他监护人的帮助，我国《未成年人保护法》第 8 条规定父母不得遗弃未成年人，如果父母遗弃未成年人，情节严重的，则依照我国《刑法》第 261 条规定追究其刑事责任。该条规定，对于年幼或者其他没有独立生活能力的人，负有抚养义务而又拒绝抚养，情节恶劣的构成遗弃罪，处五年以下有期徒刑、拘役或者管制。

第五章

性教育要跟上性觉醒

一、提早的青春期，滞后的性教育

懵懂少年

宁然(男,14岁)是某武术学校初中二年级学生。他的父亲没有工作，母亲是家庭妇女，一家人靠出租房屋为生，家庭经济条件比较富裕。宁然的母亲三十多岁才生了他这个胖儿子,他又是家里三代单传的独生子,所以父母对他非常宠爱娇惯，孩子想要什么就给什么。刚上初中，宁然就有了自己的手机和平板电脑用来学习和娱乐。

有一天,宁然在父母卧室里看电视时,发现父母的床头柜没有锁,拉开一看，里面有一盘包装精致的光盘，上面写着“偷情宝鉴”，他出于好奇心便放在电视里观看，发现这是一部有名的色情片。从此，宁然便一发而不可收，只要父母不在家，他就跑到父母卧室偷偷观看。

因为宁然身体肥胖，父母特意将他送到某武术学校上学，目的是让他一边学习文化课，一边习武锻炼身体。这所武术学校实行寄宿制，学生每周末回家一次。在校期间，宁然和同学们白天上课，晚上自由活动，因此宁然经常无所事事，感觉自己旺盛的精力无处发泄。由于学校思想工作比较薄弱，监管不严，宁然和同宿舍同学的空闲时间主要用来上网。一次，宁然和同学上网的时候偶然发现一个黄色网站，他们看到其中的图片、视频，眼睛都直了。之后他们频频用手机和平板电脑下载淫秽视频轮流观看，宁然每次观看都十分享受，经常看到深夜仍不肯睡觉。久而久之，宁然逐渐对此成瘾，并在心中萌生了性冲动。他白天上课无精打采、昏昏欲睡，但是见到女性的时候就判若两人，精神一下子就振奋起来。

一天晚饭时间，邻居家的小女孩小花（女，4 岁）去宁然家玩耍，宁然以观看《喜羊羊与灰太狼》的动画片为由，将小花诱骗到他自己的房间里，并在看动画片的过程中将小花奸淫。小花的父母发现后报了案，宁然被抓获，他因涉嫌犯强奸罪被起诉至法院。

这里需要特别对奸淫幼女行为做一些说明：幼女是指不满 14 周岁的女性，由于幼女的身心发育还不成熟，缺乏辨别和反抗能力，因此，一般来说，不论行为人采用什么手段，也不论被害幼女是否同意或者是否抗拒，只要与幼女发生了性行为，就构成强奸罪。而且考虑到幼女的生理特点，只要行为人的生殖器官与幼女的生殖器官接触，即视为强奸既遂。这是法律对幼女的特殊保护。

性教育要跟上孩子的性觉醒

为什么年仅14岁的宁然会犯强奸罪呢?

首先，这是家庭和学校性教育的双重缺失造成的。

青春期是指个体性器官功能的发育与成熟、性别特征显现时期，心理学家称之为“能生育后代的生理变化及其完成”，同时也是心理断乳期和“第二反抗期”。随着生理和心理的变化，性器官开始发育，孩子们的性意识觉醒，独立意识增强，容易产生逆反心理。这些青春期的孩子半大不大、半懂不懂，有充沛的精力和强烈的好奇心，但又缺乏阅历、道德约束和社会经验，最容易受到诱惑，被坏人所利用，在很多问题上就很容易脱离正轨。这一时期，孩子们会关注“性”知识，但为了回避父母的干涉，取得更多的自主权，他们会回避和父母谈论敏感问题，不愿主动提问来获取“性”知识，而是通过大众传媒等“不用目光对视的方式”进行了解。正是由于孩子们这种对“性”问题的“隐性”关注，使他们容易接触不良的书籍、影视、音像制品，就像故事里的宁然一样，受到黄色视频的引诱，冲动之下犯罪。

在孩子的成长过程中，青春期是一个非常重要的成长阶段，但由于一些家长缺乏有关知识，可能忽视了对孩子青春期的关注，及对孩子性知识和性道德的教育。所以在孩子青春期过程中，家长负有重要的教育责任，不能羞于启齿、闭口不提，也不能认为将孩子的教育问题全权交给学校就可以了。家长应当告诉孩子性行为意味着什么，什么年龄该干什么事。性行为和爱情有关，但在没有能力为自己负责、没有真正确定关系的时候不能有性行为。同时，宁然在校期间，学校疏于道德、法治教育，没有依法履行应尽的青春期教育职责，没有安排适量的课余活动，使得宁然沉迷于网络色情内容不能自拔。这种家庭和学校性教育的双重缺失，是宁然误入歧途的一个重要原因。

经调查显示，20 世纪的 100 年间，每过 25 年少男少女的性成熟期就提前一年，上个世纪初性成熟的时间为 16—17 岁，而近几年已经提前到 10—13 岁。现在的小学生早在五六年级，就有 30% 左右的男孩出现遗精，30% 左右的女孩出现月经初潮等生理现象。这说明中小学生们越来越早地进入了青春期，他们大多还不清楚这是怎么一回事，家长顾不上也很少说，学校虽然有生理卫生课，但也是遮遮掩掩，一带而过。正是由于当前的性教育跟不上孩子的性发育，孩子们的性意识得不到正确方式的疏导，就可能像案例中的宁然一样，通过一些黄色视频，接触不良的淫秽色情信息。再加上他们精力旺盛，好奇心强又喜欢模仿，就可能做出越轨的性行为，甚至触犯法律。

信息时代，网络和孩子们的生活已经密不可分，但网络上又充斥着各种有害信息，特别是其中的淫秽色情内容，对青春期的孩子影响很大。家长、学校、社会应当对孩子进行正确引导，避免他们受到淫秽色情内容的侵害和腐蚀，从而树立健康、纯洁的性道德观。

其次，父母和学校应当加强监护和教育。

父母应当关注未成年人的生理、心理状况和行为习惯，了解孩子使用互联网的真实情况，并及时给予正确引导。如，将家庭电脑置于父母能监控到的地方，而不是放在孩子单独居住的房间内，预防和制止孩子沉迷于网络游戏，防止孩子登录色情网站。如果发现孩子热衷于交友网站或者与陌生人聊天，就要提高警惕。然而案例中宁然的父母不仅没有关心孩子对于互联网的使用情况，还在家中张贴他们新婚蜜月时的照片，照片上的两人娇态百出、亲密异常，青春期的宁然生活在这样的环境中，又缺少必要的监管，很容易受到不良信息的引导走上歪路。

学校也应当增加健康向上的、孩子喜闻乐见的文体科教活动，如开展朗诵、书法、戏曲、合唱等，培养孩子的兴趣爱好，丰富孩子的课余生活。

再次，要重视以性道德为核心的性教育。

家长对孩子开展性教育的内容既应当包括性知识，也应当包括性道德。一方面，家长应当教给孩子与性有关的生理知识，引导孩子正确地看待自己的性冲动，树立正确的性观念。让他们懂得性冲动、性成熟是正常的事情，是每个人人生的必经阶段，不必为此感到紧张、羞愧。另一方面，家长也应当引导孩子采取正确的方法对待自己的性冲动，教给他们与性有关的法律知识和道德观念，让他们明白性行为是需要承担责任的，他们当前所处的年龄段并没有办法承担这份责任，为了自己和他人的幸福，必须克制和规范自己的行为。

性道德教育是性教育的核心。如果只讲性知识不讲性道德，或者讲得不够，就有可能让性教育偏离正确方向，不仅不会收到好的效果，还有可能误导孩子。因此，性知识和性道德教育一定要同步进行。可以根据孩子身心的发育状况、理解能力和好奇程度，循循善诱，以开放、坦然的态度，对不同成长阶段的孩子进行不同内容的性知识、性道德教育，让孩子明白性是涉及责任、权益、法律及个人前途和幸福的严肃问题，应当在行动上有所规范和克制。

鲁迅先生对孩子进行性教育的做法就很值得学习：他为了消除儿子海婴对性发育的好奇心，很坦然地和儿子一起洗澡聊天，让儿子认识自己性器官的同时，也认识父亲成熟的身体。让他从小就明白，性器官和身体其他器官一样都是圣洁而自然的，不存在隐秘和肮脏。这种父母和子女之间很自然地裸露身体，坦然地讨论性发育知识的做法是科学的，它避免了孩子在成长过程中，对自己或异性的身体产生强烈的好奇心和困惑，把男女之事看得神秘莫测。而这正是家庭性教育的独特优势。

二、性道德教育，为孩子撑起保护伞

不该发生的事

16岁的刘茜是某中学高一的女学生。一天，她与何强(男，17岁)、吴琦(男，16岁)等四名男生在何强家玩。刘茜和被害人贾莹(女，15岁)都喜欢吴琦，聊天中，刘茜对吴琦说：“贾莹在班里总说咱俩的坏话，今天得教训教训她。”另外三个男生都表示同意。于是，吴琦就到学校门口拦住了正准备回家的贾莹，把她叫到何强家。

到了何强家后，何强提议：“咱们几个把她‘轮’(轮奸)了！”但一个男生说：“我们都有‘媳妇’，不干那种事。”于是，刘茜就对贾莹连打带踹，还说：“你说我7个字的‘坏话’，今天就打你7个耳光。”旁边的男生还用手机拍摄贾莹挨打的过程。然后，刘茜又命令贾莹脱光衣服，贾莹不肯，刘茜就把她堵在卧室里，吴琦起哄说：“让你脱你就脱了吧！”一名男生上手拽贾莹的裤子，另一名男生还到厨房拿来一把菜刀，用菜刀威胁。贾莹被迫脱光衣服站在墙边，刘茜又用自己的手机给被害人拍裸照。何强当着所有人的面把裤子脱了，对贾莹进行强制猥亵。

事后，贾莹报了案，刘茜和4名犯罪嫌疑人先后被抓获归案，后起诉至法院。经审理，鉴于五被告人均属未成年，均能认罪悔罪，依法从轻处罚：何强因犯强制猥亵、侮辱妇女罪被判处有期徒刑三年；刘茜、吴琦等四人因犯侮辱妇女罪分别被判处有期徒刑。

这是一起未成年人涉性的校园欺凌犯罪案件。五名被告人最大的17岁，其余四人都是16岁，他们都是家里的独生子女，在父母的宠爱和娇惯中成长起来。只因刘茜与被害人贾莹因个人情感产生矛盾，在刘茜和何强的提议下，几个人就一哄而上，酿成了一起刑事案件。其实，这五个孩子平时都是表现不错、多才多艺的中学生，有的爱好音乐，获得过首届中国青少年艺术新人大赛大号专业铜奖，有的获得了萨克斯演奏九级证书，还有的取得了英语口语等级考试五级证书。五个被告人也都生活在幸福的家庭，有的父母还是知识分子、国家干部，但这些父母都忽视了对孩子青春期的教育。案件发生后，他们都很吃惊，积极配合法院对孩子进行教育，对被害人进行经济补偿。

性教育要先讲性道德

这是一场本不该发生的悲剧，为什么就发生了呢？这几个孩子之前也并没有前科劣迹，怎么就那么放肆、轻率地跨越了“法律红线”而犯罪呢？

一方面，是因为缺少父母对孩子的友善教育。同学之间没有根本的利害冲突，应当团结友爱，共同进步。假如同学间有了问题和矛盾，应该本着友善的态度当面指出，如果解决不了，可以让老师、家长等介入。本案中纠集几个人私下采用暴力、侮辱手段来解决问题的做法是万万不可取的。作为父母，要教育孩子学会善良，不能欺负他人，告诉孩子什么事能做，什么事不能做，绝不能以大欺小，以强欺弱，更不应当突破道德底线，触犯法律红线。

家长要如何培养孩子友善的情感呢？举个例子：在孩子学习走路的时候，难免会磕磕碰碰，我们的家长这时候往往会采用打板凳、给孩子“报仇”的方式来安慰孩子，殊不知，这其实是把对待世界的恶意传递给了孩子，使孩子学会了遇到不痛快就去责怪别人。时间长了，孩子就会变得不宽容。如果我们家长在孩子撞到的时候，先是安慰孩子，然后告诉他小板凳也会疼，这时候孩子就会产生“小板凳和我一样疼”的同理心，就会把这样的思想带到生活中去。故事中的这几个孩子如果从小接受了友善教育，就不会因为一点小矛盾，就把身边的同学作为欺凌的对象，采用极端方式给同学带来难以磨灭的伤害，也就不会酿成刑事案件。

法国思想家卢梭曾说过，人在开头的那一刹那间，也就是尚处于天真纯洁的幼小时期所接受的感知，将会对他一生产生不可磨灭的影响。善良其实就是懂得为别人着想。善良的人，才是与世界摩擦最小的人，也才最容易成为幸福的人。

另一方面，是因为缺少必要的性道德教育。什么是性道德？性道德是指关于每个人性行为的道德规范。现在学校的性道德教育跟不上，老师们反映，学校没有专门的性教育教材，也没有具有专业知识、热爱这项教育的老师。仅有的一门生理卫生课，涉及这方面的知识很少。家长们受传统思想影响，对性教育讳莫如深，很少有主动对孩子进行性教育指导的。现在有的孩子知道性，知道避孕药，但就是不知道什么是性道德以及怎样遵守性道德，违反性道德对个人、家庭、社会造成的危害和应当承担的法律责任。

这种状况导致的结果就是孩子青春期发育提前，而性教育却跟不上。“青春期”是个体性器官功能的发育与成熟、性别特征的显现时期，这一时期的孩子性意识觉醒，喜欢了解两性问题，容易接受这方面的暗示。有的家长特别重视孩子的学习成绩和智力发育，却忽视了对孩子的性教育，特别是性道德的教育，这就使一些孩子容易出现越轨行为。有位中学老师说：我们学校前几年早恋的学生还是少数，偷偷摸摸怕人知道。现在早恋现象已经很突出，有些早恋的学生过早发生性行为，甚至还住到男朋友家，家里也不管，有的还偷偷在外边租“钟点房”。

此外，还有色情、淫秽信息的不良影响。现在智能手机和平板电脑中的黄色视频、淫秽色情书刊、卡通漫画、隐形色情广告无时无刻不在诱惑、浸染着孩子的心灵。由于色情信息具有临场情景刺激作用，而孩子们的生理发育要早于心理发育，容易受暗示，喜欢模仿，在色情信息的强烈刺激下容易冲动，意图寻找释放对象，如果受到不良诱惑和暗示就很容易行为出轨，造成性失误和性犯罪。

那么，父母要想加强孩子的性道德教育，应该从哪些方面着手呢？

加强对孩子的性教育

不要回避与孩子谈“性”的话题，不妨跟孩子一起讨论一下吸引人的异性特点，帮助孩子提高对异性的审美，告诉孩子，真正的爱情应当是美好的，不要随随便便与异性发生性行为。家长可以通过书信的形式告诉孩子“性”意味着什么，借各种机会告诉孩子“性交”是怎么回事，以及性交的结果和应当承担的责任是什么。

性道德教育要注意人格培养

父母要帮助孩子正确认识性欲，自觉克制性欲，以免受它的驱使而做出不应有的行为。要引导孩子多读一些健康、美好、向上的书籍，陶冶自己的情操，避免接触色情淫秽的东西。教育孩子不观看、收听色情淫秽音像制品、读物等，不要去不适宜孩子进入的歌舞厅等场所。鼓励男女生自然、坦率、友好地进行正常的交往，参加有意义的集体活动，给他们创造正常交往的条件，以免限制过严反而会使异性交往神秘化，引起孩子的逆反行为。要帮助孩子分清什么是真正的友谊，不要跟社会关系复杂的人交朋友。就像案例里的贾莹，如果她有一点防范意识，不跟刘茜、吴琦、何强这样的人来往，就不会被骗到何强家中，遭到凌辱。

对孩子进行性法律知识教育

除了性道德教育以外，给孩子灌输一些相关的法律知识也很有必要。

比如民法中关于婚姻制度、结婚年龄和结婚程序的规定，刑法中关于性犯罪构成要件及应当承担的刑事责任等一些与性有关的法律知识。让孩子们明白什么是法律禁止的行为，这样孩子才不会做出“无知者无畏”的事情。

即使是在性开放和性自由的西方，性道德也是对青少年教育的重要内容。美国著名心理学家詹姆士·杜布森所著的《正当青春期》一书就明确提出：对青春期的人在教他们生理知识的同时，一定要教给他们性道德。要他们了解人体发育的奇妙，为成人后的婚姻和育儿做好准备，同时要让他们懂得克制性欲是必须做的一件事。

总之，把性道德教育作为性教育的核心，让每一个孩子对性开放的时髦都能保持冷静，对性冲动都能保持克制，都能健康、快乐地成长，这应当成为家庭和学校教育的重头戏。

三、不做引狼入室的“小红帽”

“狼”来了

何苗（女，10岁）是某小学四年级的学生，由于父母外出务工，何苗平时和奶奶住在一起。因为奶奶家离学校很近，所以放学后她一般都是自己回家。

何苗不知道的是，有一个陌生男子在学校附近已经观察了好几天，专门盯一些放学后单独回家的女孩，预谋实施不法行为，何苗早已成为他的目标。这一天，他又看到何苗单独回家，脖子上还挂着一串钥匙，并且听到她跟同学说奶奶外出有事家里没人，让她早点回家。这名陌生男子推测出何苗的家里肯定没人，便一直尾随她进入她家单元楼，直至电梯。何苗看到那个陌生人跟她一起乘电梯，却并没有引起警觉，等到她打开房门的一刹那间，陌生男子也强行进了房间，最终对何苗实施了奸淫行为。

当天晚上，奶奶回家后发现何苗有异常，经过奶奶追问，何苗说出了被害的经过。奶奶立刻向公安机关报了案，犯罪嫌疑人被抓获归案，其因涉嫌犯强奸罪被起诉至法院。

性安全教育，让孩子学会自我保护

何苗为什么会遭到不法侵害呢？这与何苗毫无防范意识和警惕性有关。

一是，何苗走出校门跟同学告别时，透露了家中没人的信息；二是，何苗把钥匙挂在脖子上，让别人推断出自己家里没有人；三是，被坏人尾随，甚至一起走进电梯都没有引起何苗的警觉，而是直接打开房门回家，引狼入室。

如果何苗放学时能够跟同学结伴而行，发现有人尾随时能够及时求救，不是直接回家而是跑到最近的安全地方寻求帮助，也许这场悲剧就不会发生。与此相反，下面这个小女孩的聪明做法就避免了一场不法侵害：

一个叫小红（女，9岁）的同学，也是放学后自己单独回家。一天，她在放学回家的路上发现身后有个陌生男子一直尾随着她，而她走的这条路又比较偏僻，离家也有一段距离，路上没有报警点，也没有可以信任的人，怎样才能摆脱身后尾随的人呢？

这条路上有一家超市，小红灵机一动，快步跑进超市，因为不能肯定老板会帮助她，所以她没有直接向老板求助，而是将货架上的面包、方便面等都扔到了地上。老板一把抓住了她说："你这熊孩子要干吗？"这时小红不仅没有害怕，反而笑了，她在心里说：我终于安全了。因为她知道，老板肯定会找家长，那么自己就安全了。

所以说，有时候机智地做一次"熊孩子"，牺牲小小的利益，却能够换来自己的人身安全。

作为家长，平时应当怎样教育孩子，避免孩子遭受性侵害呢？不妨从以下几点入手：

1. 要让孩子了解必要的性知识。经常有一些孩子因为无知而遭受性侵害。比如一个 9 岁的小女孩在看电视时突然指着电视里出现的"儿童不宜"镜头问："上次在同学家，一个叔叔也这样对我，是不是说明他很喜欢我？"父母一听都傻了，无知单纯的孩子显然遭遇过成年男子的不轨行为，但她却一点儿都不知道。因此，一定要从小告诉孩子，人的身体是神圣不可侵犯的，背心、裤衩覆盖的地方是不能让别人看、更不能让别人摸的。如果有人企图触摸或接触时，应当学会躲避和呼救。

2. 孩子上下学途中要结伴行走，遇见陌生人搭讪要提高警惕，不要轻易相信陌生人，尤其是陌生男子。如果有陌生人问路，可以给他指明方向，但一定不要亲自给他领路。

3. 教育孩子夜晚不能单独外出，不要与陌生人单独相处，不要吃陌生人给的食物，不搭乘陌生人的汽车，外出前要告诉父母自己要去哪里，几点回来。在学校，不要单独到异性老师的宿舍咨询、补课或者做其他事情，如果有必要可以约同学一起去。

4. 不要贪图小便宜。坏人往往会利用孩子幼稚和缺少经验的弱点，用小恩小惠拉拢利诱孩子上当。

5. 让孩子学会必要的防范技巧。夏天的夜晚危险更大，性侵害案件会随着气温上升而增多，女孩儿外出尽量不要穿薄、露、透、短的衣服。

6. 被害女童遭受性侵案件大多是熟人作案，因此要告诉孩子，如果成年男子有触摸孩子隐私部位等不文明行为，一定要及时告诉家长，以便家长及时采取措施，预防严重性侵害犯罪行为的发生。

7. 要正确处理和同学的关系，如参加同学聚会，要告知家长去向，按时回家，不在外留宿，不要饮酒，要有防范意识。

8. 正确处理网络交友，不要随便和网友见面，更不能因为父母外出务工，将网友带到家里。

9. 一旦遭遇性侵害，要大声说“不”，迅速跑开，找到安全的地方。要记住犯罪分子的体貌特征，注意留下证据，第一时间告知父母、老师，同时到公安机关报案。受害者没有错，家长要给孩子安慰和鼓励，而不要斥责和埋怨。

最后，要熟记“预防性侵安全三部曲”：

一是大声说“不”；二是迅速跑开，跑到最近的安全地方；三是告诉自己信赖的人，直至受到保护为止。

四、要善良，但决不做无知羔羊

陨落的流星

余芸（女，14岁）是个身高1米7的俊俏小姑娘，有着颀长健美的身材、清秀白净的脸庞，亭亭玉立，人见人爱。她成绩优异，是学校和区级三好学生。

这一天有流星雨，由于听老师说看流星雨可以增长知识，余芸便决定亲眼看看。可是，余芸的父母都在郊区工作，她跟着爷爷奶奶生活，老人年纪大了，不可能半夜三更陪她去看流星雨。于是，余芸没告诉他们，而是约了和她同龄的堂弟一同前往。

凌晨3点左右，姐弟二人高高兴兴出了门，到附近的大操场去看流星雨。在路上，他们被一名体格强壮、手提黑色警棍的陌生男人庞某（32岁，无业）拦住，他自称是联防队员，要查看余芸和堂弟的身份证。姐弟俩对这个单独行动的“联防队员”一点儿也没有怀疑。当陌生男人听说他们没带身份证时，就对余芸的堂弟说："你回家去取身份证，我和你姐姐在这里等。"姐弟俩此时依然没有觉察有什么不妥，乖乖听凭陌生男人的摆布。15分钟后，当余芸的堂弟拿着身份证跑回操场时，那里一个人都没有了。家人们在操场及附近楼区找了一夜，也没有发现余芸的踪影，就赶紧报了案。经过五天五夜痛苦的寻找，人们在一处荒僻的小树林里发现了余芸的尸体。不久，公安机关根据线索将凶手抓获，庞某因涉嫌犯故意杀人罪被起诉至法院。

原来，这名陌生男人庞某是有犯罪前科的无业人员，就在余芸的堂弟离开后，庞某用花言巧语诱骗余芸跟他去更好的地方看流星雨，毫无戒心的少女余芸居然跟着他走了。到了偏僻处，庞某见色起意，对余芸进行猥亵后欲行强奸，但遭到余芸的拼死反抗，于是庞某将她摁倒在地，残忍地掐住脖子，致其窒息死亡。

余芸的被害给她的家庭带来了巨大的伤害，他的父母几乎精神失常。余芸的妈妈整日以泪洗面，她的父亲也整日以酒浇愁，他们一提起孩子就哭。余芸的被害对于家庭的打击和伤害是难以用语言表达的，流星雨夜，毁了一个孩子，也毁了一个家庭。

别让无知害了孩子

在这里我要补充一个法律常识，根据我国法律规定，有权要求公民出示身份证的单位主要是公安机关、司法行政人员等。人民警察执行公务时，应当首先出示身份证件。我国《治安管理处罚法》第八十七条规定：公安机关对公民人身进行检查时，不得少于二人，并应当出示工作证件。

这个故事里，庞某假冒联防队员，根据法律规定，联防队员等无权要求公民出示身份证件，且检查时必须有两人以上，而庞某是单独行动，也没有出示工作证件，不符合检查程序。也就是说，即便庞某真的是联防队员，余芸姐弟也有权拒绝接受检查。

一个鲜活的生命就这样消失在流星雨之夜，人们为此感到十分痛惜，更为犯罪分子如此猖獗感到万分愤慨，同时，也感到深深的遗憾。余芸身高 1 米 7，又有堂弟做伴，为什么罪犯三言两语就能将 14 岁的少女骗到无人处残忍杀害呢？

从案情经过我们可以看出，缺乏安全意识、自我保护意识及被害预防意识，是造成余芸被害的主要原因。余芸和她的堂弟在高度危险的情境中，完全没有警惕性，没有解读危险信息和危急情境的应对能力，轻易就成了犯罪分子侵害的对象。假如他们能有一点自防自救意识，接受过一些自我保护的技能训练，那么至少可以减少受害风险，降低被害的可能性。

另外，余芸和她的堂弟也缺少对自己权利进行保护的法律意识和法律知识。在面对联防队员单独检查时，如果他们没有轻易相信，而是知道对方没有这样的权力，或者敢于说“不”，要求查验对方的身份证件，就能揭穿罪犯的谎言，避免悲剧的发生。因此，培养和提高广大未成年人的自我保护意识和技能就显得格外重要。

父母应当依法履行对未成年人进行法治教育的职责

根据《北京市未成年人保护条例》第十七条，不满16周岁的未成年人，未经父母或者其他监护人许可，不得在22点以后外出。余芸和她的堂弟都还没满16周岁，在没有成年人陪同的情况下，不应当在深夜外出。

帮助孩子熟悉周围环境，知道在哪儿求助

家长要帮助孩子熟悉上学路上、常去地方附近的执勤点、报警点，以便孩子在遇到危险时可以及时求助。在孩子去陌生的地方之前，要和孩子一起看看那里的地图，让孩子知道派出所、保安点的位置，以便在求救时能有大致的方向。

“流星雨夜少女被害事件”和引发的未成年人自我保护话题已经成为历史，随着时间的逝去人们会逐渐淡忘。但是未成年人自我保护依然是今日的重要课题，希望家长、学校和社会对这个问题能有足够的重视和更加有力的措施，希望我们的孩子们吸取教训，接受教诲，有更强的自我保护意识和能力。

第六章

让孩子学会自我保护

一、要有一颗善待他人的心

青春的疤痕

李翔（男，16岁）、赵永（男，16岁），均是某中学高中一年级学生。李翔的父母都是下岗工人，赵永的父母均是来京务工人员，两人都是家中独子。他俩从小受父母的百般溺爱，怕苦怕累，学习成绩一般。受社会不良风气的影响，沾染了摆阔气、好攀比的陋习。他们自己没有经济收入，却经常下饭馆儿、叫外卖。现在学生中还流行起过生日送礼物的行为。他们班里有一个家里经济条件优越的男同学，过生日时给班里45名同学每人送了一份礼物——一个彩色陶瓷“马克杯”，并且得到了班主任老师的高度肯定和大力提倡，说是要培养孩子心中有他人的意识。从那以后，这个班级的同学在过生日时都变着法儿地想给同学送什么礼物好，后来又发展成为请客吃饭。自那以后，过生日请同学吃饭就成了他们班的惯例。

一天上午第四节课时，李翔心里盘算着："再过一个星期，就是自己的生日了，该怎样庆祝一下即将到来的17岁生日呢？还是请要好的同学一块儿'撮'一顿最实惠，而且之前别的同学过生日时也请过我吃饭，我怎么说也得还回去啊。现在班里同学过生日都请大家吃火锅之类的，我也得跟他们差不多，要不就请吃烤肉吧。"可是一转念，李翔又犯难了，虽说父母答应给自己100元钱过生日，但架不住要请的同学多——自己要好的3个哥们儿加上之前请过自己吃饭的6名同学，那这点儿钱就显得有些杯水车薪了，剩下的部分该怎么解决呢？

下课铃声响了，李翔还愁眉不展。同班的赵永走到他身边，他把自己的苦恼告诉了赵永，但赵永也是没有经济来源的学生，对李翔的难题也爱莫能助。两人苦思冥想着解决的办法。"干脆，咱们到附近小学去找小学生'切'点儿钱吧。"李翔征求着赵永的意见。没想到对方很痛快地答应了，还说："行，这样来钱快，反正咱们以前也被他人要过钱。"

李翔和赵永心不在焉地吃过午饭。因为是午休时间，不远处另一所小学的学生们三三两两地在校门外活动。12点半左右，李翔终于发现了目标，有两个小同学正朝他们走来。李翔向赵永使了个眼色，两人心照不宣地拦住了那两个小同学的去路。

"嘿，上哪去？"李翔故意找碴儿。

"回学校。"其中一个小同学不解地回答。

"借给哥们儿点儿钱花！"李翔很快切入正题。

"我……我没钱。"小同学立刻明白自己遇到麻烦了。

"没钱？胡说！快点把钱拿出来。"李翔音调提高了八度。

望着又高又壮的李翔，其中一个小同学战战兢兢地从衣兜里掏出了3元钱。赵永不相信他只有这么点儿钱，又把他的口袋摸了一遍，确实没有了。

李翔又转向另一个小同学："哥们儿，赶快把你的钱也拿出来！"他冲着对方大吼。

"我……我也没有钱。"小同学说道。

"没有？胡说！"李翔上去朝那同学脸上猛击一拳。随后，赵永从他身上翻出人民币100元和一个三星手机（经鉴定，价值人民币2230元）。李翔将要来的钱和手机装进自己的口袋，和赵永一起逃离了作案现场。

第二天，民警找到学校，把正在上课的李翔、赵永带到派出所。经民警教育，他俩如实供述了以上作案事实。后李翔、赵永因涉嫌犯寻衅滋事罪被起诉至法院。经法院审理认为，被告人李翔伙同被告人赵永，在学校周边以大欺小、强拿硬要小学生的财物，情节严重，其行为已构成寻衅滋事罪，应予惩处。鉴于二被告人犯罪时均未满成年，认罪态度较好，且赃物已全部起获发还，应依法从轻处罚，判处被告人李翔有期徒刑10个月，判处被告人赵永有期徒刑8个月。

校园不良风气不可纵容

强拿硬要，是校园暴力的一种表现，多年来一直比较严重。很多低年级的孩子都有被大孩子欺负的经历，而这些孩子长大了，又往往回头欺负比自己小的孩子。被索要的孩子因为年龄小、胆子小，一吓唬就乖乖就范，事后，也很少有人告诉家长和老师。而且现在的孩子很多都是独生子女，不知道心疼东西，被人拿走了，再找个理由向家长要就得了，也在客观上助长了这种风气。李翔和赵永小时候也被大孩子欺负过，家长、学校不知道，他俩也不把它当回事儿，就此埋下了隐患的种子，等他们长大后也需要钱的时候，这颗种子就开始萌芽、破土而出了。

对于强拿硬要的行为，家长、学校往往很少知道，即使知道了，因为财物价值不大，一般也就是几百元零花钱或者一些学习、生活用品，再加上家长重视不够，也就是对孩子批评、训斥一顿，把钱物退还了事。因为这种现象比较常见，又没有受到应有的惩戒，所以，实施这种行为的少年也不认为这是多么严重的问题。等他们形成了习惯，胆子大起来，索要的钱财多了，也就一脚踏入了犯罪的泥潭。

侵犯财产型犯罪在少年犯罪中占相当大的比重。当今社会上“请客”“送礼”的风气虽然有所好转，但仍然比较盛行，容易使孩子滋生追求高消费、攀比等错误的消费价值观。由于虚荣心和从众心理作祟，孩子们之间也会在过生日时互相请客、送礼，孩子自己并没有经济收入，当父母所给的零花钱难以满足他们的高消费需求时，有的孩子就因一念之差，误入歧途。故事中李翔和赵永就是因为过生日请客的钱不够，做出向小学生索要财物的行为而触犯法律的。他们虽然知道自己的做法不对，但也不觉得是什么大事儿。这也说明家长平时对孩子的法治、道德教育不到位。可见，家长应当在平时对孩子的教育中，为孩子竖起一道抵御外界不良影响的屏障，让孩子学会善待他人、遵守法律。

本案中李翔和赵永以强拿硬要的手段，索取小学生的财物，是一种侵犯他人财产权利的行为，他们为自己的行为付出了法律的代价，二人分别被判处有期徒刑，羁押在少年犯管教所，被剥夺了自由。失去自由是什么样的呢？有一个失足少年在狱中写了这样一首打油诗："花花世界迷方向，为寻钱财入牢房。门外铁门墙外墙，还有武警手持枪。天天坐板反思量，夜夜思念爹和娘；娘啊娘，何时才能回到你身旁？"可见，做了法律禁止的事，在监狱中失去了自由，是多么可悲呀。

因此，家长应当教育孩子要善待他人，与人为善，于己有益。另外，学校老师应当将教育计划告知未成年人的父母，未成年人的父母应当结合学校的教育计划进行教育。俗话说："学校无小事，事事是教育；教师无小节，处处是楷模。"故事中，作为班主任老师，应当倡导学生积极向上、勤俭节约，而不是鼓励学生相互攀比、请客送礼。如果这个班主任老师不在班里表扬那位给全班买礼物的同学的行为，也许李翔和赵永就不会在过生日时因请客吃饭缺钱而走上歪路。

从传统文化中汲取营养

教育子女是一件让很多父母感觉头疼的事情。其实，在我们的传统文化中，就蕴含着很多对孩子非常有益的做人智慧，这些智慧即使放在科技高速发展的今天，也丝毫不过时。

有的孩子有向他人索要财物的行为，而家长在注意到孩子的这些小问题时，不能忽视、麻痹和放纵，这是我们常说的“勿以恶小而为之”。自己的孩子被大孩子欺负了，不代表他就可以去欺负他人，这是我们常说的“己所不欲，勿施于人”。平时消费，应当量入为出、避免攀比，这是我们常说的“礼，与其奢也，宁俭”。在生活中，要教育孩子坚守道德底线，善待他人，这是我们常说的“君子莫大乎与人为善”。以上这些古人智慧，凝聚为一句话即明代著名思想家袁了凡在给儿子的劝善书《了凡四训》里所写：“为人善，福虽未到，祸已远离；为人恶，祸虽未到，福已远离。”可见，很多为人处世的道理都已经蕴藏在这些古训里。

《论语》《三字经》这些国学经典，是中华民族优秀文化的结晶，凝聚着中华民族对人性、道德、情义、善恶的思考，对孩子的成长有着很好的引导作用。家长可以和自己的孩子一起阅读国学经典，学习其中为人处世的智慧，培养孩子树立正确的世界观、人生观和价值观，让孩子能够正确分辨是非、善恶、美丑，从而养成良好的道德习惯，用道德约束自己的言行举止。

法律是最低限度的道德，道德是法律的哨兵；培养孩子高尚的行为和品德，对孩子健康成长有重要意义。因此，家长应当教育孩子自觉遵纪守法，坚守道德底线，终生不做法律禁止的事。

二、告诉孩子，财不可外露

惹眼的男孩

13岁的杨帆（男）是个独生子，他的父母都是房地产商，家庭条件十分优越，平日里穿的用的都是名牌。刚升入初中一年级时，爸爸就给他买了一款9000多元的苹果iphone X手机。杨帆可高兴了，毕竟同学中还很少有人用如此高档的、有丰富功能的智能手机。

第二天中午休息时，杨帆就迫不及待地拿出手机，在学校走廊里和爸爸打起了电话，他想借此机会向小伙伴们炫耀一下。果然，这个消息就像长了翅膀一样在学校传开了，大家都在讨论杨帆那部高档手机，同学们都把羡慕的目光投在了杨帆的身上。但同时，也有两双心怀不轨的眼睛盯上了杨帆。社会上有两名不良少年李涛和王新（男，均16岁），两人预谋要抢杨帆的手机。

一天在回家的路上，李涛、王新一左一右拦住了杨帆。他们一边甩着手中的木棍，一边冲着杨帆喊道：“老实点，快把手机交出来，给哥们儿用用，不然老子就废了你！”杨帆想反抗，李涛就掐住他的脖子，“啪啪”给了他两个耳光，王新从杨帆的口袋里搜走了手机，还踹了杨帆两脚。

杨帆的父母得知儿子的遭遇后，立即报了警，李涛、王新很快被公安机关抓获，后两名犯罪嫌疑人因涉嫌犯抢劫罪被起诉至法院。

都是露富惹的祸

杨帆为什么会遭到不法侵害？他到底失误在什么地方呢？

杨帆生长在富裕的家庭里，平时穿戴打扮都比较出众，有了新手机后，在幼稚和虚荣心的促使下，他忍不住在同学面前炫耀，被社会上的不良少年盯上，成为被抢劫的目标。也就是说，“露富”是引来灾祸的直接原因。

另外，杨帆自小就在父母无微不至的关爱下成长，可以说没有受到过任何伤害，缺乏自我保护的意识，他在第一次遭遇暴力被抢走手机后，还是父母发现后才报了案。

不仅如此，杨帆的父母虽然给予了孩子最大程度的物质满足，但因为工作繁忙，疏于对孩子的监护，更没有对孩子的学校状况加以细致的了解，及时给孩子以提醒。

父母对孩子的法治教育负有直接责任，物质的满足不能代替亲情关爱，父母再忙，也要腾出时间关注孩子的成长环境，多和孩子沟通，及时给予提示和引导。一旦发现孩子情绪和行为的异常，要及时提供合理的指导和必要的帮助。

另外，学校应当与家长配合，加强对未成年人的安全教育，增强辨别是非和自我保护的能力，自觉抵制违法犯罪行为的引诱和侵害。

中小学生因为年龄和身体的原因，往往成为抢劫勒索的对象。目前，在校园周边这类事件屡屡发生。为了保护自己的孩子不受侵害，家长应当加强对孩子的有效保护。

首先，提醒孩子增强自我保护意识。放学、外出应当结伴而行，平时要熟记上下学途中的报警点、门岗和保安的位置，以便及时求助。

其次，要郑重地告诉孩子：财不可外露，太招摇容易成为不法分子的抢劫目标。同时，要告诉孩子，财富来之不易，是父母辛苦工作挣来的，让孩子从小懂得珍惜。

此外，一旦遇到抢劫等犯罪行为，父母要在第一时间报警，反映孩子遭受侵害的具体情况，协助警方和校方行动。父母还应当及时与孩子进行心理交流，了解、尊重、信任自己的孩子，共同讨论事情发生的原因，教会孩子学会用法律保护自己。

三、生活不是真空，善良会被利用

独行的少女

15岁的少女李婷，是某中学初中三年级学生，她身高1米62，长得十分标致。她虽然学习成绩一般，但心地却非常善良，很文静又有点胆小。老师给她的评语是：宁肯自己吃亏，也不愿给别人添麻烦。

一天下午6点多钟，李婷放学后骑自行车回家。刚出校门不远，她就发现有一个陌生的男人尾随着她。她有些害怕，就加快速度骑了起来。可是，她发现那个男人仍然在后面跟踪着她。行到一个僻静处，尾随的男人见四周无人，便猛地将车子一拐，把李婷从自行车上别了下来，李婷摔倒在地上。她刚爬起来，那个男人就对她说："你跟我走一趟。"李婷说："我又不认识你，凭什么叫我跟你走？"那个男人说："你不认识我，我可认识你。我见过你，我找你有急事，今天你必须跟我走一趟。"李婷说："我不去。"那个歹徒见李婷拒绝了自己的要求，便凶相毕露，

“嗖”地掏出了一把亮光闪闪的电工刀。他把刀打开对准了自己的胸口，威胁李婷说：“你跟不跟我去？你要是不跟我走，我就把这把刀子插进去，白刀子进去，红刀子出来。到时候，我死了，我身边可有你的脚印。警察破案时，你可得吃官司，让你负法律责任，让你为我偿命，叫你一辈子背‘黑锅’。”

胆小单纯的李婷哪见过这样的场面？她被歹徒的行为吓蒙了，她害怕这个可怕的男人死了自己说不清楚，害怕自己承担法律责任，被判刑去偿命。也就是这一念之差，使软弱的李婷跟着歹徒去了。结果，李婷进入了歹徒设下的圈套，犹如羊入虎口、鱼进网窝，她在无力抵抗的情况下被歹徒奸污了。事后李婷将此事告诉了父母。李婷的父母报案后，几经周折，犯罪嫌疑人赵祥（22 岁，无业）被抓获归案，其因涉嫌犯强奸罪被起诉至法院。

学会用法律武器保护自己

案例里歹徒的手段并不算高明，为什么李婷却轻而易举地被侵害了呢？在我办案的过程中，看着李婷父母痛不欲生的样子，我深深地感到父母作为孩子的监护人，实在应当让孩子懂得在危急时刻如何用法律保护自己。

在李婷的案例中，罪犯就是抓住了女孩的软弱心理。如果李婷在遇到歹徒拦截时，不是害怕，而是机智勇敢地应对，做到以下几点，就有可能避免侵害的发生：

一是当发现有陌生人尾随时，应该往有人、人多和有摄像头的地方走；二是当陌生男人将她别下车时，她应该大胆呼救，引来周围的行人，及时寻求帮助，并拨打“110”电话报警；三是当陌生男人掏出电工刀对准自己时，应当保持冷静，细致观察，识破歹徒的圈套；四是歹徒手拿的是圆头的电工刀，即使歹徒手持尖刀，刀尖指向歹徒自己的身体，李婷如果知道“自伤”的相关规定，她就不应该害怕被诬陷；五是应当注意留下证据，记住犯罪嫌疑人的相貌特征和事发地点，第一时间到公安机关报案；六是不能跟歹徒前往危险场所，应采取转移注意力的方式脱身。正如一首童谣中说的：身后有人很可疑，走到马路对面去；要是他又跟过来，拔腿就跑莫迟疑。

在我们和李婷的父母进行交谈时，李婷的父母说，他们很少对孩子进行性知识的教育，给孩子的教育从来都是让她忍让、宽容，从来没有告诉过孩子怎样对付坏人、对付恶人。他们在我面前捶胸顿足，哭得很伤心。

近年来，我国未成年人遭受性侵害的案件屡见报端，为了避免和减少这类案件的发生，关键是要让孩子增强自我保护意识，学会自我保护的方法。如果我们每个人都能学法、知法，同时学会运用法律武器来保护自身的合法权益，我想李婷的悲剧就不会发生。

四、聪明的父母，让孩子学会自救

坐“大奔”的孩子

李晨（男，13岁）是初中一年级的学生，父母都是技术精英，家庭经济条件很富裕。他是家里的独生子，平时穿的用的都是名牌。每天放学，他的父亲都会用奔驰S600到学校门口接他。

一天下午放学，李晨像往常一样，站在路边等家里的“大奔”来接。就在这时，迎面走来一个陌生男子马某某（36岁），让他帮忙修停在路边的面包车。李晨走近面包车，发现有点儿不对劲，转身要跑，却被那人一把抓住，用蘸满乙醚的毛巾捂住嘴，迷晕了过去。等李晨再次睁开眼睛时，他已经被带到了一个陌生的地方。

当晚7点，正在家焦急等待儿子放学回来的父亲，接到了儿子打来的电话：“爸爸，我被绑架了！快救我！”李晨的父亲万万没想到电视上常见的情节竟发生在自己身上。紧接着，电话里又传来一个陌生男人阴冷的声音：

“我就想整几个钱花花，只求财，不取命。”挂掉电话后，李晨的父亲赶紧拨打“110”报了案，公安局刑警队接到报案电话后，立即成立了专案组。

半个小时后，电话再次打来，李晨的父亲对绑匪说：“别伤害我儿子，你开个价吧。”“160万，三天后交齐。”对方回答。

当晚8点30分，绑匪的电话再次打来，按照刑警的部署，李晨的父亲和对方周旋了很久，刑警查出了绑匪的活动方位。

第二天中午，刑警一切准备妥当。李晨的父亲告诉绑匪：交钱。随后，李晨的父亲又接到一个电话，电话里李晨哭着说：“爸爸，我身上绑了炸弹，是遥控的，遥控器在绑我的那个人手里。”

下午3点30分，绑匪让李晨的父亲到首都体育馆停车处交钱。李晨的父亲坐着侦查员驾驶的出租车赶到约定地点时，绑匪却命令他打车到另一个地方交钱。将近5点，一辆出租车停在李晨的父亲身旁，他慢慢举起手中的皮箱，准备扔向车内。说时迟，那时快，在附近埋伏的刑警将绑匪当场抓获。绑匪马某某因涉嫌犯绑架罪被起诉至法院。

绑匪进城拿钱时，被独自留下的李晨挣脱绳索，卸下“炸弹”遥控器上的电池，跑到阳台上大喊救命，已经搜索至附近的刑警闻声赶来，将李晨解救。

学习自我保护的知识

李晨为什么会被绑匪盯上呢？

经过了解，本案中的绑匪马某某其实并不“匪”，他从未有过作案前科。但由于做期货失败，欠了一屁股债，又看见李晨经常是奔驰汽车接送，他便萌生了绑架索要钱财的念头。由此可见，李晨遭到绑架，很大原因是因为露了富。

对于这件事，李晨的父母负有不可推卸的责任。李晨成长在一个富裕的家庭中，备受父母疼爱。虽然用汽车接送孩子上下学是很普遍的社会现象，但在当前社会治安条件复杂的情况下，用名贵豪华的“大奔”接送孩子，很可能会引来过多关注，甚至像本案一样，惹上不必要的麻烦。

有的父母只顾给孩子最大限度的物质满足，却疏忽了对孩子进行艰苦朴素的教育，导致在一些学校的孩子中，出现了攀比、炫富的风气。还有的孩子，在公共场所随意透露自己的家庭经济条件，虽然他们可能并不是为了炫耀，却在无形中“露了富”。在公共场所露富，尤其是尚不成熟的在校学生，很容易被犯罪分子盯上。

除此之外，绑匪能得手的另一个原因是李晨缺乏应有的安全防范意识，当绑匪叫他去帮忙修车的时候，他丝毫没有怀疑这个奇怪的“求助”，也没有怀疑这个陌生人，等李晨察觉到不对劲儿的时候，已经来不及了。

父母对孩子的法治教育负有直接责任，如果父母平时多给孩子普及一些安全教育方面的常识，孩子就不会那么单纯、那么好骗了。那么，父母应该怎样对孩子进行安全教育呢?

增强自我保护意识

父母应当对孩子进行自我保护的教育，告诉孩子不可以“露富”“炫富”。要让孩子懂得“露富”容易惹麻烦，甚至成为坏人的作案目标。同时，父母也要告诉孩子，财富来之不易，是父母辛苦工作得来的，让孩子从小学会节俭和珍惜，养成勤俭节约和艰苦朴素的好习惯。

如果被绑架，应当怎么办?

父母要告诉孩子，在绑架的每一个环节，都有逃脱的机会，让孩子遇到危险时不要硬碰硬，不能放弃思考和努力，而是要用沉着冷静和聪明才智帮助自己。

在开始被绑架时，要努力挣脱、大声呼救。在被绑匪带到藏身之处之前往往需要较长的时间和路程，如果坏人没有车，就不要因为恐惧而被对方控制住，应当努力寻找机会逃脱和求救。到藏身之处后，要设法向外界传递信息，利用手边有的各种东西求救，如用镜子、灯光等引起路人注意；一旦看到窗外有路人或警察经过，就要立刻打破玻璃大声呼救。在被绑匪要求和家里通话时，要说明自己的情况，同时要设法透露绑匪这边的情况、地点、环境特点等，帮助父母和警方寻找线索。

教会孩子拨打“110”

父母应当教会孩子拨打“110”报警电话，让孩子牢记遇到危险时要向谁求助、如何求助。当孩子偶然撞见歹徒拦截、入室抢劫、绑架、强奸、杀人等情况时，不能以身犯险，而是应当在确保自己安全的情况下尽快拨打“110”报警，把问题交给更专业的警察处理。当孩子遭遇这些特殊情况时，应当寻找机会，一旦逃脱就迅速拨打“110”，寻求警方的帮助和救援。

父母要告诉孩子在拨打“110”电话时，要冷静，不要慌乱，最好用普通话，说明发生了什么案件以及案发的时间、地点、情况、有什么要求等。在家里，父母可以和孩子一起模拟各种情景，通过具体情节，让孩子熟悉如何拨打“110”。

有这样一个案子，同样也是被不法分子控制人身，但这个案子中的女孩是通过寻求机会拨打“110”求助获救的。

有一个13岁的女孩，一天骑车摔倒了，有一位中年妇女过来安慰，并说用车送她去医院。女孩感激地跟着对方上了一辆面包车。一路上经过好几个医院，车却没有停，而是一直开出了北京。女孩儿意识到出事了，她喊着要下车，这时，一把刀子抵在了她的胸前。坏人把女孩带到石家庄，逼她在石家庄随他们上了火车。火车又到了西安，女孩在西安火车站趁着上厕所的机会，马上借来手机拨打了“110”，告诉警方她被绑架了，现在在西安火车站一楼的女厕所里，是从北京被拐骗过来的。很快，女孩就被赶来的刑警解救，回到了她北京的家。

最后还要提醒家长的是，孩子一旦遭到不法侵害，父母一定要在第一时间及时报案，反映孩子被害的具体情况，协助警方及时破案，避免孩子遭遇危险。

五、孩子和谁交往，父母了如指掌

近朱者赤，近墨者黑

我曾接触过一个年仅15岁的孩子，名叫李扬，他是独生子，就读于某中学初中三年级，他学习努力，成绩优异，因为有音乐特长曾获得特长生证书，还曾到香港参加巡回演出。他的母亲因为年轻时的偶然事故，患上化脓性败血症，不仅导致双耳全聋，而且全身多处溃烂。他的父亲是个锅炉工，拿着微薄的工资，一家人生活虽然艰辛，但也算幸福美满。

李扬中考之后被保送本校高中，从6月至开学有两个多月的时间，在此期间又没有暑假作业。特别是他进入青春期后，独立意识增强，我行我素，自由散漫。他虽然脾气温和，喜欢交朋友，但是缺少主见，不分是非。他的妈妈发现他思想变化很大，过去妈妈给买什么他就穿什么，现在穿衣服追求名牌，还变得不虚心、骄傲自满，不听大人的话，自以为是。他的妈妈后来说："在这段时间，我特别害怕他接触品行不良的人，总感到孩子要出问题，可没能及时发现和制止，最终酿成悲剧。"

李扬是个孝顺的孩子，从小就知道妈妈生养他的不容易，对妈妈体贴有加。一天，他放学回家，听见父母说起国外有一项新的技术，可以给双耳全聋的患者装上进口耳蜗，这样患者就可以听见声音，但是这项手术的费用高昂，需要人民币 8 万余元，这个家庭根本就支付不起。李扬听见这一番话，想着一定要为妈妈凑够手术费，让妈妈重新听见声音。可是自己还是个孩子，要从哪里去弄这些钱呢？

有一次，在同学的生日宴会上，李扬认识了一个在附近居住的邻居王虎（男，17 岁）。王虎出生在一个富裕的家庭，他出手很大方，经常带李扬去餐馆吃喝，到酒吧蹦迪，出钱请他去网吧玩游戏。李扬为人老实，经常受人欺负。有一次，正当小混混欺负李扬的时候，王虎出现了，他身强力壮，又会武功，把那些小混混都吓跑了。从此，王虎便成了李扬崇拜的偶像。

没过多长时间，王虎打听到李扬妈妈做手术缺钱的事，便对李扬说："我知道一个孩子家特别有钱，暑假没事，你跟我去他们家'切'点钱，到时咱俩儿对半分，你跟我去吧。"

李扬有点害怕，说："被公安局抓住怎么办？"

王虎说："哪有那么巧，咱俩就干这一次，肯定逮不着。"

就在暑假的一天，王虎携带作案工具菜刀一把，打电话叫李扬一起，趁被害人刘智（男，13 岁）独自在家之机，蹿至刘智家中向他索要钱财。当刘智表示没钱时，王虎"啪啪"给了刘智两个耳光，持菜刀对其进行威胁，并让李扬看管住刘智。王虎用刘智家中的钥匙，打开组合柜和木箱，抢得人民币2800余元。

事后，所得赃款均被王虎挥霍，也没对半分。李扬想说起事先王虎说分给他一半的承诺，最后也没敢说。王虎只是请李扬吃了一顿饭，还叫李扬付了一半的饭费。案发后，李扬的父母将其送交公安机关，投案自首。

经法院审理认为，被告人王虎引诱被告人李扬，持械使用暴力手段入户抢劫公民合法财物，其行为均已构成抢劫罪，应予惩处。被告人王虎在共同犯罪中系主犯，应依法从重处罚，其犯罪时未满成年，应依法从轻处罚。被告人李扬在共同犯罪中系从犯，且犯罪时未满成年，有自首情节，应依法减轻处罚。判处被告人王虎有期徒刑五年，并处罚金人民币3000元；判处被告人李扬有期徒刑一年，缓刑两年，并处罚金人民币500元。

李扬本是一个品学兼优、聪明睿智、孝敬妈妈的好孩子，为什么会参与抢劫犯罪呢？李扬之所以站在法院的刑事被告席上接受审判，有其自身的原因，但是也有家庭的原因。

首先，是李扬自己的原因。

李扬正处于青春期，青春期的一个突出特点就是独立意识增强，对于自己的事情希望自己做主，不愿意父母干预。在这一时期，孩子往往缺少安全感，表现为伙伴关系上升，同伴之间的影响力不断加强，孩子的交友对孩子的成长至关重要。俗话说，“近朱者赤，近墨者黑”，孩子在社会上会交各种类型的朋友。其中，可能有保护过自己或者有共同兴趣爱好但品行有问题的朋友，但是孩子辨别是非的能力还比较弱。

李扬犯罪的一个重要原因就是交友不慎。王虎本身就是一个不良少年，但李扬却把他作为自己崇拜的偶像，为眼前的一点小利，竟然以身试法。当王虎让其共同实施抢劫时，他虽然有点胆怯，但也很想分到钱，可见未成年人做事不顾及后果，更不知道这个行为的危害和应当承担的法律责任。

其次，是李扬家庭的原因。

李扬的母亲有两个问题：一是缺少与儿子的沟通和交流。我国法律规定“未成年人的父母发现有人引诱未成年人违法犯罪的，应当向公安机关报告”，其中“引诱”是指对未成年人以金钱、物质利益等好处诱使未成年人违法犯罪。作为一个双耳全聋的母亲，尽管她非常关心孩子的教育问题，但是受自身残疾的局限，没办法和孩子进行正常的沟通交流，同时孩子在青春期独立意识增强，与父母交流的意愿下降，导致她对孩子进入青春期后的思想变化不够了解，不知道孩子和不良少年交朋友，更不知道儿子在王虎的引诱下参与入户抢劫，也不了解王虎作案时携带菜刀的危害性。如果李扬的妈妈能够事先告诉孩子，可以和哪些人交朋友，不能和哪些人交朋友，可以做哪些事，不能做哪些事，还告诉孩子，对于一些人，可以做好朋友，但不是所有的事都可以一起做，尤其是危害他人、危害社会的事，坚决不能做，不能与其同流合污，也许李扬就不会参与入户抢劫犯罪。

二是缺少遵纪守法教育。作为严重残疾、医生嘱咐不宜生育的母亲，对于自己来之不易的独生儿子分外疼爱，希望他能够长大成材，因此十分注重对孩子的智力教育，也培养孩子从小学习小提琴、绘画，学习吹奏乐，同时严格要求自己的孩子，锻炼其坚强的意志，希望他有健全的人格和高尚的道德品行，在孩子被绊倒脚骨折之后，她仍然鼓励孩子为了集体利益，拐着脚带病参加排练与演出。但是李扬的母亲却忽视了对孩子的法治教育，使得孩子辨别是非的能力不强，在结交了不良朋友之后，在王虎的唆使下犯下抢劫罪。

“心理断乳期”的孩子如何“断乳”

在孩子进入青春期后，不管家长愿意不愿意，都会发现孩子不再像以前那样对自己言听计从了。他们因为自身成长的需要，会有一段“离经叛道”的心理历程，也被称为“心理断乳期”。他们在学校有了自己的交友圈，也越来越看重朋友、同学的评判，尤其是智能手机的出现，使得现在的孩子能够随时随地与自己的朋友保持联系。这时，家长应当如何引导孩子结交好友，防止他们被不良朋友带坏呢？

首先，家长应当告诉孩子结交朋友应当遵守的原则。在孩子进入中学的时候，告诉孩子要向身边优秀的同学学习，吸收他们的优点。其次，家长要多了解孩子的朋友同学。孩子在青春期会受到身边朋友的很大影响，他们会互相模仿各自的行为，也会一起进行一些集体活动。因此家长的当务之急就是了解孩子究竟在和什么人来往，家长可以利用孩子生日的机会，将孩子的朋友们邀请到家中聚会，通过对孩子朋友的观察、交谈，了解他们的家庭情况、个人品行，事后对于那些存在性格瑕疵的朋友，家长应及时询问孩子与这个朋友是怎么认识的，平时一起做什么活动，同时家长应当给出自己的建议。最后，家长一定要告诉孩子交朋友可以，做坏事不行。即使孩子因为共同的兴趣爱好，或者因为受了帮助与一些品行不端正的人交了朋友，家长也不能一味制止，而是应当告诉孩子可以继续维持友谊，但是当不良朋友要做坏事，尤其是违纪违法甚至犯罪的事时，一定要果断地拒绝，但是要讲究一定的技巧，如推托说临时有事而离开。在有的时候，还可以鼓励孩子对于想做坏事的朋友及时劝止，防止其铤而走险，做出悔恨终生的行为。

正如一位学者所说：进入青春期的未成年人好像一辆马力很足的汽车，但方向盘不灵，闸不灵，很容易出现越轨行为。因此在这一过程中，父母若忽视孩子的身心特点和情感变化，老师若忽视孩子的行为规律和心理需求，他们就很容易出现偏离行为。李扬参与抢劫一案就说明了这个问题。所以处于青春期的未成年人特别需要父母的高度关注、正确引导和全面保护。

案件审结了，但李扬的崭新生活才刚刚开始。每到每月一次的“少年缓刑接待日”，李扬完成紧张的学业之后，都会在妈妈的陪同下，到法院汇报每月他做的好事和这个月取得的进步。李扬还以《别让妈妈再流泪》为题写作文，作文写完了，读着那些感人的生活细节和发自肺腑的字句，妈妈、孩子和法官一同流下了泪水。

在父母、老师和法官的帮助下，这名少年的思想转变了，他刻苦学习，成绩优异，还拾金不昧，受到失主的来信表扬。他还被评为校级优秀学生干部。当这名少年的缓刑考验期已满，他开始全力以赴迎接高考。

孩子冰冻的心在父母、老师和法官温暖的怀抱里渐渐融化了，最后以 572 的高分考上了一所全国重点大学。一家人欢天喜地地来向少年法庭报喜，并送来了一面锦旗，上面写着："琢璞为玉育新苗，铁面慈心法官情。"

走进大学校园的孩子还执意给法官送了一个笔架，那是一艘扬帆远航的船，造型流畅，富有动感，仿佛让人看见理想、信念和新生活的喜悦高高地挂在帆上，浓浓的法官情荡漾在碧波起伏的海水中，稳稳地托举着乘风破浪的船。

李扬大学毕业后，通过自己的努力，以优异的成绩取得全额奖学金并出国深造，开启了锦绣前程。

第七章

有些事情不能做

一、好孩子，夜晚要回家

夜不归宿的孩子

两个16岁的男孩李鑫和王川，都是某职业高中一年级学生。两人都是独生子，从小备受父母的疼爱，被当作家里的“小祖宗”“小皇帝”。李鑫家庭经济条件优越，父母曾雇三个阿姨照顾他，既有人“陪吃”，又有人“陪玩”，还有人“陪学”，对其百依百顺。上学后，李鑫虽然聪明，但是不爱学习，上课不专心听讲，不按时完成作业，时常迟到早退，因此功课经常不及格。一开始老师多番与李鑫父母联系，希望能够帮助李鑫端正学习态度，但其母总是明里暗里为自己孩子辩解，话里话外全是在袒护自己的孩子。王川和李鑫从小一起长大，关系密切，讲哥们儿义气，两人个头都较高，打上小学那会儿，就经常一起欺负个子小的同学。进入青春期后，他俩更是不把心思用在学习上，整天沉迷于网络游戏，经常旷课，甚至在网吧打游戏过夜。他们经常以到同学家做作业、给同学过生日等为由欺骗家长，连续几天晚上不回家，通宵在外面游荡。

一次，王川数学考试只得了16分，又因身材较胖，被同学嘲笑挖苦："哟，你这成绩咋和体重成反比呢？你什么时候体重下来了，分数才会上去。"王川一气之下将那同学打伤，被打的同学向王川索要数千元的"赔偿费"，而王川不敢将此事告诉家长，只能求助于李鑫。此时，二人都犯难了，寻思着如何筹到这笔钱。这个钱还没有着落，另一个难题又来了。因两人功课经常不及格，以致影响班级的整体成绩，老师为了督促他们学习，决定对他俩进行罚款处理：主科不及格，罚款人民币300元；副科不及格，罚款人民币200元。他俩都有不及格的科目，又不敢告诉家长，于是思来想去，终于想出一个弄钱的办法，就是深夜到大宾馆附近去抢劫卖淫小姐。

这天放学后，二人相约晚上不回家，李鑫携带一把片刀和王川躲在大宾馆旁边的僻静处寻找作案目标。等到深夜一点多钟，传来一阵高跟鞋的声响，李鑫说："目标来了，就抢她！"于是，二人心照不宣地拦住了被害人张丽（女，22岁）的去路，李鑫上前一把抓住被害人的衣领，把刀架在她的脖子上，王川在一旁说："把你的钱和手机交出来，否则别怪我俩对你不客气！"张丽说："钱可以给，但是手机不能给。"二人逼迫被害人交出钱财，被害人一看对方人高马大，而且带有凶器，只好从包里拿出一沓钞票，将钱撒落在地上。二人见钱眼开，急忙去捡拾地上的钱。趁着二人捡钱的瞬间，被害人赶忙逃离作案现场。李鑫和王川共抢到了人民币2560余元，后被抓获归案。二人因涉嫌犯抢劫罪被起诉至法院。

经法院审理认为，被告人李鑫、王川结伙持刀抢劫他人合法财物，其行为均已构成抢劫罪。鉴于二被告人均未满成年，且该职业高中的教师在案件起因上负有一定责任，李鑫依法从轻被判处有期徒刑三年，罚金人民币 1000 元，王川依法减轻被判处有期徒刑两年六个月，罚金人民币 1000 元。

夜晚是违法犯罪的高发时段

“擅自外出夜不归宿”是指未经其父母或者其他监护人同意而在外过夜，是逃避父母监护的一种行为。我国《预防未成年人犯罪法》之所以把夜不归宿列为未成年人的不良行为之一，是因为夜不归宿使未成年人处于失控状态，未成年人身心发育尚不成熟，缺乏生活经验和辨别是非的能力，一旦在外面发生问题，由于得不到及时有效的保护，孩子存在着失踪、被绑架或被拐卖等可能，往往是违法犯罪或者遭受不法侵害的开始。《北京市未成年人保护条例》规定，父母应当教育和制止不满 16 周岁的未成年子女，未经其许可不得于 22 时以后外出。国际上也有类似规定：日本的《青少年保护条例》规定夜不归宿是少年不良行为的一种，其中深夜的时间界定为 23 时；在美国，夜不归宿是指未成年人在宵禁之后还在街头游荡的行为。

夜晚又是违法犯罪的高发时段，案例中的李鑫和王川就是夜不归宿，利用夜晚时间抢劫而犯罪的。孩子夜不归宿，常常会编出一些谎言来应对家长的盘问，家长如果粗心，就会上当受骗。据抽样调查，在 100 名在押未成年犯中，绝大多数都是利用夜晚时间实施犯罪行为的，而且有的少年在犯罪后也没有回家，他们第二天应对家长询问的理由通常是昨晚在某某同学家做作业了。如果家长去问这个同学，这个同学也会给他做证。因为他们早就料到家长会询问，已经暗地里通过气了，而且没准儿这个同学还是昨晚一起作案的同伙呢！孩子夜不归宿，或者借上晚自习的时间段钻学校和家长的空子，都是很危险的。

那么，应当怎样预防未成年人夜不归宿行为的发生呢？

首先，未成年人的父母对未成年人的法治教育负有直接责任。父母要加强对未成年人的教育和监护，为孩子灌输法治教育知识，告诉孩子夜不归宿是不良行为的一种，告知其不得实施的不良行为有哪些，为什么不得实施这些行为等。家长一旦发现孩子以在同学家做作业等为由夜不归宿时，应当仔细核实，帮孩子认真分析夜不归宿的危害性。尤其是女孩儿，家长一定要防止女孩子夜不归宿，避免发生更为严重的不良后果。

其次，中学生在学校住宿的，学校对住宿学生负有管理和保护的责任。中学生晚上不归校的，学校应当及时与其父母或者其他监护人取得联系。学校一方面要保证学生的安全，另一方面也要加强对学生学习和生活的管理，培养其良好的学习和生活习惯。

再次，一旦发现孩子擅自外出夜不归宿，家长和学校要及时查找，通过各种途径尽快查出孩子的下落，以便取得联系。有必要的话，也可以向公安机关报告，请求帮助。收留夜不归宿未成年人的，应当征得其父母或者其他监护人的同意，或者在 24 小时内及时通知其父母或者其他监护人、所在学校或者及时向公安机关报告。

二、旷课是走下坡路的开始

离开课堂的“小淘气”

14岁的袁诚（男）是某中学初中二年级的学生。自从上了初中后，袁诚便开始了寄宿生活。父母为了鼓励他努力学习，同时也为了方便他与家里联系，便给他买了一部“华为荣耀10青春版”手机。可是，由于在学校住宿，远离了父母的叮嘱和监督，再加上手机游戏和网络给他打开了一扇新世界的大门，袁诚便渐渐迷上了手机游戏和上网。在这上面花费的时间多了，在学习和做作业上花费的时间就少了。一开始，袁诚还能勉强跟得上老师的课程进度，但时间一长，数理化等理科科目就渐渐跟不上了。上课的时候如听天书，根本听不懂；作业不会做，或者干脆就不做，要不然就拿同学的作业过来抄。老师天天批评他，有时还会向他父母告状，父母便在电话里责骂他。被骂得烦了，他也就不爱给家里打电话了。就这样，袁诚一听学习就头疼，开始旷课、逃学，用逃避的方式来获得解脱。逃学的时候，他有时会在街上闲逛，有时则去网吧玩喜欢的游戏。

一天，袁诚在网吧玩游戏时，认识了同校的另一名逃学的孩子——李艺（男，14岁）。李艺是一名体育特长生，对学习不感兴趣，父母对他的学习成绩要求也不高。有一次上英语课，李艺不专心听讲，跟身边的同学说话，老师批评他，他却当众顶撞老师，被老师叫出去罚站，李艺便趁机偷偷溜出学校，去附近的网吧打游戏。后来，李艺便经常以感冒发烧为由旷课，整天沉迷于网络游戏，就算来上课也不听讲。自从在网吧认识了袁诚后，两个人便找到了“知音”，更加频繁地出入网吧和游戏厅，旷课、逃学成了家常便饭。

5月的一天，他们在网吧玩“英雄联盟”游戏，玩得正起劲，突然没有钱买游戏币了，感到真是扫兴！在网瘾的驱使下，他们决定去抢点钱。两个人四处游荡，寻找作案目标。这时，一个穿着很时髦的少年进入他们的视线，只见那少年拿出厚厚一沓百元大钞，从中抽出一张买了游戏币，剩下的又揣回了裤兜里。于是，袁诚和李艺就上前借口有事需要帮忙，把少年叫到胡同口的一个僻静处，说：“哥们儿，借我们点钱花花。”那个少年开始说没钱，袁诚上去朝他脸上猛击了一拳（经鉴定为轻微伤），并说：“给钱！不给钱就要了你的命！”李艺则上前搜身，把少年裤兜里的一沓钱全部掏了出来。二人总共抢得人民币2000余元，后被抓获归案，其因涉嫌犯抢劫罪被起诉至法院。

点燃兴趣，让孩子热爱学习

什么是旷课？旷课是指学生不请假而缺课，是逃避学校管理和教育的一种行为。看了这个案例，我们会发现，袁诚和李艺的违法犯罪是从旷课逃学开始的。那么，怎样解决孩子旷课的难题呢？

点燃孩子兴趣的小火种

袁诚和李艺之所以旷课，原因就在于他们不爱学习，进而才会拒绝学习、逃避学习。

旷课、逃学的根本原因是缺少学习兴趣。爱因斯坦曾说：“兴趣是最好的老师。”只有产生内在的学习兴趣，进而产生“我想学”的心理需求时，孩子才能从“要我学”转变到“我要学”，当孩子积极主动地学习时，才能学得更好。

要想让孩子积极主动学习，父母就要从小培养孩子的学习兴趣。由于年龄阶段的不同，性格、素质的差异，孩子的兴趣爱好往往有自己的独特性。孩子兴趣的发展和表现，往往是他的天赋和素质的先兆。所以，父母应该经常问一问孩子的兴趣是什么，引导和鼓励孩子不断地发展自己的兴趣。有位学者曾把孩子学习的兴趣和向上的积极性比作父母撒在孩子心田里的一粒小小的火种。当父母将这粒火种在孩子心中点燃的时候，就像面对一堆柴草：小小的火种落在上面，风大了会把它吹灭，风小了则燃不起来；柴草太紧了不透风，太松了又聚不起火；柴草潮湿了也不行。这时候，你要小心呵护这小小的火苗，要“哄”着它一点点燃起来，旺起来，最后成为熊熊烈火。

培养孩子的学习兴趣落实到行动上就是培养孩子良好的学习习惯。什么是学习习惯？学习习惯就是孩子在一定的学习情景下自动去进行某些活动的特殊倾向。比如要培养孩子画画的习惯，可以第一天先让他画一个他喜欢的动物，第二天再画和这个动物有关系的其他事物，然后第三天、第四天地坚持下去，最后形成一种习惯。

如果袁诚和李艺的父母从小注意培养孩子的学习兴趣和良好的学习习惯，也许他们就不会为了玩网络游戏而旷课，更不会发展到抢劫犯罪的地步。

家校配合解决旷课难题

袁诚和李艺的犯罪，与他们所在的学校也有很大关系。如果校方及时将袁诚、李艺旷课的情况告知他们的父母，及时对袁诚和李艺进行教育，制止他们的旷课行为，告诉他们学习的重要性，让他们懂得一个少年不爱好学习是人生最大的不幸，帮助他们回归学校上课读书，他们就不会走到这一步。

旷课是未成年人九种不良行为①之一。不良行为是引发未成年人犯

---

①《预防未成年人犯罪法》第十四条：
未成年人的父母或者其他监护人和学校应当教育未成年人不得有下列不良行为：
（一）旷课、夜不归宿；
（二）携带管制刀具；
（三）打架斗殴、辱骂他人；
（四）强行向他人索要财物；
（五）偷窃、故意毁坏财物；
（六）参与赌博或者变相赌博；
（七）观看、收听色情、淫秽的音像制品、读物等；
（八）进入法律、法规规定未成年人不适宜进入的营业性歌舞厅等场所；
（九）其他严重违背社会公德的不良行为。

罪的重要原因，从司法实践看，一些未成年人最终走上犯罪道路，都是从不爱好学习、染上不良行为开始的。有不良行为的未成年人，如果得不到及时的教育和纠正，很容易从实施不良行为逐步发展到实施违法甚至犯罪行为。调查显示，在查获的未成年犯中，一般在10—12岁有违纪行为，12—13岁时染有不良行为，14—15岁有违法行为甚至犯罪行为，16—17岁出现违法犯罪的高峰。因此，在预防和制止未成年人犯罪过程中，从源头抓起，即从轻微的不良行为抓起，具有重要意义。

旷课的孩子因为怕被父母责骂，往往会瞒着父母，对父母撒谎说是去上学。如果父母没有及时发现，就会耽误了对孩子进行教育的时机。所以，老师一旦发现学生无故缺课，就应及时通过各种途径和学生的父母取得联系，及时将学生缺课的情况告知父母，并了解情况，这样才有利于父母和学校互相配合，针对学生旷课的具体原因，及时进行教育。

解决孩子旷课、逃学问题，父母与学校要互相配合，双方都负有不可推卸的责任：

1. 父母要承认自己在教育未成年子女上的失误。比如没有下工夫从小培养好孩子的学习习惯，或教育态度、方法生硬。父母应当在自我反省的基础上跟孩子倾心交谈，诚恳地检讨自己的缺点和失误，听听孩子心里是怎么想的，跟孩子一起下决心，一点一点赶上去。父母千万不要重复过去那种简单、粗暴的做法，也不要放弃教育的责任。要知道，父母的态度是孩子转变的重要因素。

2. 加强与班主任的联系。孩子出现旷课、逃学现象后，父母要经常与班主任保持联系，可以准备一个家校联系本，由孩子、父母、老师共同填写联系内容。建议以孩子写为主，像日记一样，老师和父母写些分析、表扬、建议的内容。此外，可以根据孩子的特点，请老师在班上给孩子安排力所能及的任务，使孩子改变不利的角色地位。当父母诚恳地找老师多次商讨对策时，老师也会被打动，在校内采取相应措施，帮助孩子进步。不过，父母一定要做好思想准备，孩子的学习不是一下子就能上去的，要有耐心，不怕反复。如果父母信心不足，或者采取放弃态度，那孩子就有可能破罐破摔了。

3. 老师对待厌学的孩子，千万不可“批字当头，罚字当先”。应当实事求是地看到孩子的优点和微小进步，及时给予肯定，使孩子有成功的感受，逐步提高自信心，由“厌学”变成“好学”，旷课、逃学的问题就会解决。有时，学校为了严肃校纪，对屡次旷课、逃学的学生进行必要的纪律处理，父母应配合学校，抓住机会做思想教育工作，让孩子下定决心，有一个新的开始。另外，个别孩子旷课、逃学，是受不良分子引诱、胁迫所致。当发现这种情况时，父母应及时与校方、治安机构联系，采取有效措施。

4. 从学校方面来看，学校应当明确校纪校规，将不得旷课、逃学作为学校纪律的重要内容。一旦出现未成年人旷课的情况，学校应当及时告知父母，与他们商议解决措施，而不能放任不管。同时，学校应当关心、爱护学生，对品行有问题、学习有困难的学生，应当耐心教育、帮助，而不应当歧视。对于这些学生，学校和老师更应当多下工夫，找出背后的原因，做到对症下药，因人施教。

三、酗酒何止伤身体

醉酒的“小梁山”

梁星[①]（男，16岁）是某中学高中一年级学生，他不仅天资聪颖，学习成绩优异，好胜心强，还乐于助人，热心为同学服务，在班里颇有威信，深得老师的信任和同学们的拥护。梁星爱读古典小说，尤其爱读《水浒传》。他常给同学们讲梁山泊的故事，讲得绘声绘色，加上他姓梁，同学们都称他为“小梁山”，梁星也引以为豪。后来，在班干部竞选中，他以高票当选为班长。同学们的信任使他扬扬得意，他心里常想，既然同学们拥护我，我也得像梁山好汉那样，做出个样儿来给他们看看。

当晚，梁星就约上几个要好的同学一起去聚餐庆祝。俗话说，人逢喜事精神爽。原本不胜酒力的梁星，架不住同学们频频敬酒祝贺，不

---

① 北京市海淀区人民法院：《海淀法院未成年人审判典型案例（2016年版）》，北京市海淀区人民法院少年法庭副庭长张莹：《案例一：乐极生悲惹事端》，第1—4页。

知不觉中两瓶啤酒就下了肚，还喝了一些白酒，结果很快就喝醉了。聚餐结束后，梁星踉踉跄跄地走出饭馆，想打车回家，可拦了几辆出租车，司机一看他醉醺醺的样子，全都拒载了。在酒精的刺激下，梁星心想，我“小梁山”哪能这么窝囊，气得一下子冲到马路中央，不管三七二十一就拦下了一辆出租车，并爬上汽车引擎盖，连蹦带跳，还捡起路边的砖头把车窗的玻璃全砸碎了。

出租车司机报警后，被带到派出所的梁星竟呼呼大睡起来，酒醒后才发现自己鲁莽行为造成的损失已经不可逆转，陷入了深深的懊悔、自责中。梁星因涉嫌犯寻衅滋事罪，被起诉至法院。经法院调解，被告人梁星赔偿了被害人人民币 7000 元整。

经法院审理认为，被告人梁星酒后无故滋事，任意损毁公私财物，使无辜出租车司机的财产遭受了较大损失，情节严重，其行为已构成寻衅滋事罪。鉴于其犯罪时未满成年，并积极赔偿被害人的经济损失，应依法从轻处罚，判处被告人梁星有期徒刑十个月。

少年酗酒危害成长

高票当选班长的梁星本是一名优秀的中学生，此次同学聚餐庆祝，本来也是一件喜事，没想到他却因酒后滋事触犯了刑法，受到刑事处罚，真是令人惋惜不已。梁星的案例给家长们提了个醒儿：千万让孩子远离酗酒。

酗酒是诱发犯罪的源头

什么是酗酒？酗酒是指过量饮酒或者较为经常地沉迷于饮酒，并产生一定的成瘾性。我国《预防未成年人犯罪法》第十五条规定未成年人不得酗酒，是因为未成年人自己没有经济来源，一旦酗酒成瘾，就会想方设法“搞钱”，进而违纪违法甚至做出犯罪的行为。其次，从以往的案例来看，因为酗酒而引发的寻衅滋事、故意伤害甚至抢劫等暴力型犯罪屡见不鲜。经调查发现，在犯罪的未成年人中，有酗酒等不良行为的占一定比例。因此，预防和制止未成年人酗酒，是从源头上预防少年犯罪的有效措施。

酗酒危害身体健康

除了会引发酒后滋事外，酗酒本身对未成年人的身体健康也有很大危害。酒精有麻醉作用，影响中枢神经系统。酒对人体的危害主要在于酒精，未成年人正处于生长发育阶段，身体各器官的发育还不成熟，尤其是消化系统还很娇嫩，所以不能过多地承受酒精的刺激。酒精被人体吸收后，在体内主要靠肝脏解毒，而青少年的肝细胞分化不完全，饮酒容易造成肝脾肿大，转氨酶增高，影响肝功能。另外，酒精对未成年人的大脑也会产生损害，很有可能导致少年智力发育迟缓、思想迟钝等症状。世界卫生组织提出六种最不健康的生活方式，其中就有酗酒，喝醉一次酒，相当于得一次急性肝炎。

禁止向未成年人出售烟酒

正因为未成年人酗酒的危害很大，我国《预防未成年人犯罪法》第十五条规定：任何经营场所不得向未成年人出售烟酒。但是，很多商家和超市都不知道这个“禁酒令”，有的即使知道，但为了自身的经济利益，也不愿将生意拒之门外。更加遗憾的是，甚至很多家长和孩子对“禁酒令”也都毫不知情。

梁星在接受讯问时就表示：“爸爸经常会让我陪他一起喝酒。他一来了兴致，就让我去商店买上两瓶酒，妈妈烧几个小菜，我们爷儿俩喝上几杯，感觉挺惬意的！”

直到梁星因寻衅滋事罪被抓获，他的父亲才得知有这个“禁酒令”，他为自己的无知毁了孩子的前程而悔恨不已。梁星自己也觉得非常懊悔，如果他早知道酗酒的危害这么大，就不会和同学一起聚会饮酒，更不会发生酒后滋事的悲剧了。

这个故事的教训是深刻的，教育和帮助未成年人远离酗酒是全社会共同的责任。首先，从家长这儿就要转变对酗酒行为的宽容态度。家长要与孩子一起认识到酗酒的严重危害，引导孩子把兴趣转移到健康的活动上来。同时，家长更要以身作则，如果家长自己经常酗酒，难免会对孩子产生不良影响。

其实，很多国家对未成年人饮酒都有禁止性规定，如CNN（美国有线电视新闻网）等媒体就曾经报道过这样一个案例：

美国新罕布什尔州汉普顿的一名妇女因给未成年人提供酒精饮料而遭到起诉。这位妇女在家里为女儿及其同学举办“过夜派对”。参加聚会的人都是中学生，年龄在12岁至15岁之间。在派对上，孩子们喝了许多饮料，其中包括含有酒精的饮料。孩子们用数码相机拍摄了几十张派对的照片。其中一个孩子把相机忘在了教室里，被一名教师发现。为了确定相机的主人，这位教师查看了相机里的照片，结果发现孩子们喝酒的画面。从画面上看，这位妇女当时就在现场。于是，教师立即把这件事报告给学校，学校报了警，警方随即展开调查。尽管这位妇女一再辩解说："我没有做错什么，我做的一切都是为了让孩子们高兴。"但警方表示，这位妇女在派对上给孩子们喝含有酒精的饮料，触犯了法律。警察局长还解释说，人们有一种错误的认识：在自己家里给孩子们提供含有酒精的饮料并不违法，法律不会加以制裁。事实却是，无论在哪里给未成年人提供酒精饮料都是违法行为，只要被发现了就要受到法律的制裁。就这样，因为给未成年人提供酒精饮料，这位好心的妈妈被推上了被告席。如果罪名成立，她将被处以一年监禁，并被处以1500美元的罚款。

我国《预防未成年人犯罪法》第四十九条规定，未成年人的父母不履行监护职责，放任未成年人有本法规定的不良行为的，由公安机关对未成年人的父母予以训诫，责令其严加管教。作为父母，应当引导孩子进行有益身心健康的活动。梁星本是一个品学兼优、受到老师和同学好评、很有发展前途的中学生。但是由于梁星的父母不仅没有教育梁星不得酗酒，而且还让孩子去买酒，并经常和孩子一起喝酒，导致梁星染上了酗酒的陋习。如果当初梁星的父母能学法知法，正确履行父母对孩子的教育、监护职责，告知孩子酗酒的危害和相关的法律规定，那么，被同学们誉为"小梁山"的梁星也许就不会发生因酗酒而犯罪的人生悲剧。

四、别把吸烟当成酷

男子汉的象征

我办理过这样一个盗窃案：16岁的少年被告人严明是某中学初三学生。严明在放学的路上认识了一个收废品的青年，之后经常见面、说话，渐渐便熟识起来。有一天，那个青年给了他一支香烟让他抽，开始他不抽，那人说："吸烟是男子汉的象征，男子汉哪有不吸烟的！"这么一说，严明便把烟接了过来，刚吸了一口，他便觉得烟气很刺鼻呛人，吸后很不舒服。可是吸得多了，他竟然渐渐在不知不觉中上了瘾。那人总给他烟吸，他觉得总吸别人的烟不合适，于是悄悄地从家里偷拿了父母的钱，买烟回敬那个青年。那青年说："你不用给我买烟抽，以后你帮我做事就行了。你弄些楼里的消防栓喷头，每个我给你5块钱。"

于是在那个青年的教唆下，严明利用每天中午和放学的时间，到学校附近的医院和办公楼里去拧铜制的消防栓喷头，卖钱买烟吸。到案发时，他共偷盗消防栓喷头 140 多个，价值人民币 7200 余元，后被抓获。法院经审理查明：被告人严明以非法占有为目的，采用秘密窃取的手段盗窃国家所有的财产，数额较大，其行为已构成盗窃罪。考虑到本案盗窃的是消防器材，有的还是医院的消防器材，可能危及公共安全，作为从重情节，严明被判处有期徒刑二年，并将被告人严明退赔的 7200 余元发还给被盗单位。严明后悔地说："是吸烟害了我，我不该为了弄烟钱而去盗窃，以身试法，危害了别人，也害了我自己。"

更有甚者，还有这么一个案例：16 岁的吕健（男）是某职业高中一年级学生。他为人豪爽，有组织能力，讲哥们儿义气，但是却不爱学习，屡屡违反学校纪律，而且还有吸烟的毛病。吕健吸烟的毛病是受父亲的影响，因为父亲吸烟，他有时也模仿父亲的样子偷偷地吸，一来二去，就有了点儿烟瘾。父母发现他吸烟，也没有当回事儿，只是说两句："这么小，以后别抽了。"

由于吕健家离学校比较远，父母为了让孩子上学方便，就给他在学校旁边租了一间房子。于是，这里便成了吕健和同伴们聚集的场所。一天晚上，同学李毅（男，15 岁）来到吕健的出租屋里玩儿，两人喝了点儿酒后特别想抽烟，可是身边没有烟，也没钱买，吕健就提议出去"切"点钱买烟。李毅起初有点害怕，担心被公安局抓到，吕健安慰他说："别害怕，哪那么巧。"于是，他们上了街，到处溜达，寻找作案的目标。突然，他们看见路边绿化带的僻静处有一对谈恋爱的青年男女，吕健便向李毅使了个眼色，李毅心领神会。二人突然上前，吕健揪住男青年的衣领，说："哥们儿，借我点钱花。"李毅二话不说，上去就翻男青年的衣兜。女青年被突如其来的情况吓得说不出话，男青年既想在女朋友面前逞强，又不愿吃亏，他一边反抗一边嚷："没钱，放开我！"双方于是扭打起来。吕健怕喊声招来警察，急得直冒汗。突然，他发现路边有一根铁钎子，抄起来照着男青年胸部就猛戳了几下，男青年"啊"的一声，当场栽倒在地。吕健见男青年鼻孔和耳朵都往外冒血，一下子吓坏了，赶忙叫车将男青年送到医院，然后逃离了现场。被害人被送到医院后，经诊断为心脏破裂、失血性休克、呼吸循环衰竭，经抢救无效死亡。吕健和李毅为了一盒烟，害了一条命，等待他们两个人的将是法律的严惩。

远离陋习，身教重于言传

这个案例中，吕健和李毅仅仅为了一盒烟钱，却犯下了抢劫并致人死亡的严重后果，不得不引起我们的重视和反思。

著名的医学专家钟南山说："全世界最不好的习惯是吸烟。吸烟的人，气管炎、肺气肿（肺心病），最后肺癌，这是死亡三部曲。"香烟中含有尼古丁等有害物质，对成年人来说都是非常有害的，更何况是正处于成长发育阶段的孩子。吸烟不仅会对未成年人的身体造成危害，而且容易上瘾。一旦上瘾，孩子们没有经济来源，学校禁止吸烟，绝大多数家长也反对孩子吸烟，怎么办呢？为了满足烟瘾，他们就会想方设法弄钱，进而引发盗窃、抢劫等犯罪行为。有些孩子犯罪，恰恰是从吸第一支烟开始的。此外，未成年人吸烟还容易结交不良朋友。一些学生三五成群地偷偷聚在一起吸烟，发泄对学校纪律、家庭约束的不满，相互影响，颠倒是非，美丑不分。此外，吸烟的孩子还容易被社会上的不法分子利用，进行违法犯罪活动。少年吸烟的危害性正如一位学者所说："小小年纪学吸烟，自命神气又新鲜。吸烟买烟需要钱，烟钱诱发偷抢骗，学坏常从抽开端。"所以，未成年人更应牢记："守法养成好习惯，我们坚决不吸烟。"

正是考虑到未成年人吸烟的严重危害，我国《预防未成年人犯罪法》禁止未成年人吸烟，并规定"任何经营场所不得向未成年人出售烟酒"。但是在现实生活中，这个问题解决起来确实很难。一方面，经营者很难区分孩子们买烟是替家长跑腿，还是自己偷偷抽；另一方面，即使知道孩子们是自己抽，为了赚钱一般也不会拒绝。所以，尽管向未成年人出售香烟是一种违法行为，但因现有法律法规处罚力度还不够、操作性不强，所以也很难杜绝商家向未成年人出售香烟的现象。在这种情况下，家长就更要提高警惕，加强对孩子的教育和引导，千万别不把吸烟当回事。

在家庭里，身教重于言教。如果父母本身吸烟，就不能说服子女不吸烟。有统计表明，在吸烟的青少年中，有一半是生长在父母吸烟的家庭中的，少数家庭的父母与子女之间还互相敬烟。因此，家长只有带头自觉戒烟，在教育孩子上才有说服力。

家庭对孩子的人格塑造起着关键性的作用，父母的行为对孩子的行为有着潜移默化的影响。正像案例里的吕健，就是因为受父亲的影响才开始吸烟的。而他的父母在发现孩子吸烟后，并没有太当回事，以至于吕健的烟瘾越来越大，最终酿成大祸。所以，父母一定要培养孩子判断是非的能力和社会责任感，使孩子确立正确的人生价值观，成为一个心智健康的人，不会因追求所谓的“神气”“成熟”而在小小年纪就接触烟草。

五、别把刀具当玩具

危险的玩具

郭翔（男，17岁）是某住宿职业高中高一的学生，他的父亲是部队转业军人，母亲是街道干部，还有一个关心疼爱他的哥哥。郭翔是家里最小的男孩，并且聪明睿智，他的父亲很疼爱他，但对他要求十分严格，军人出身的父亲见到孩子不争气时，常常使用暴力手段进行教育。郭翔的母亲特别宠着他，吃的喝的都满足他，比他大十多岁的哥哥更是处处护着他。在这种家庭氛围中，郭翔变得不好好学习，与人交往也十分霸道。他平时有收藏刀具的爱好，收藏有新疆四大名刀和易贡藏刀等十几把精致的刀具。上了高中后，青春期的郭翔血气方刚、精力旺盛，为人更加争强好胜。

一天中午，郭翔跟另外三个同学在楼道里玩扑克时，由于玩得兴奋，声音很大，影响了在宿舍休息的同学李元（男，17岁）。李元找到他们说：

“你们中午打扑克声音这么大，还让不让人休息了？”郭翔说：“休息时间，你管不着！” 事情就这样不了了之了。但第二天中午，郭翔又和同学打扑克，李元这次二话不说就冲出来对着郭翔直骂，两个人争吵起来，后来被同学劝开。

几天后，郭翔在宿舍楼水房洗衣服时，李元走了进来并把水房门关上。因上次发生的事情，郭翔和李元再次发生口角，李元朝郭翔脸上打了一拳，并用塑料管敲打郭翔的头部，问他服不服。郭翔说：“我为啥要服你？”李元再次用拳头对郭翔进行殴打，郭翔觉得李元欺负了他，自己的尊严受到严重伤害。但是身材瘦小的他担心自己打不过身材更壮的李元，怕自己吃亏，便跑回宿舍，从书包里拿出一把锋利的羊角刀，到李元的宿舍里进行报复。李元见郭翔拿着刀，就从宿舍拿出一根铁管，说：“你过来试试？”两个人扭打起来，在打斗中，郭翔持刀将李元的胸部扎伤。

经医院诊断，李元属左前胸刀刺伤，血胸，失血性休克，经鉴定为重伤。后郭翔因涉嫌犯故意伤害罪，被起诉至法院。经法院调解，郭翔赔偿被害人李元医疗费等人民币60余万元。经法院审理认为，被告人郭翔因琐事故意持刀伤害他人身体，致人重伤，其行为已构成故意伤害罪，应予惩处。鉴于此案事出有因，被害人亦有一定责任，且被告人郭翔犯罪时未满成年，认罪态度较好，积极赔偿被害人的经济损失，应依法从轻处罚，判处被告人郭翔有期徒刑三年。

远离管制刀具，把伤害降到最低

这个故事中暴露出了哪些问题呢？

少年禁止携带管制刀具

依照我国《预防未成年人犯罪法》第十四条第（二）款的规定，未成年人不得携带管制刀具。根据公安部《管制刀具认定标准》的规定，管制刀具是指匕首、三棱刮刀、弹簧刀和其他相类似的刀具，只有法律规定的人员，如解放军、武警战士、专业狩猎人员才能持有。如果违反上述规定，携带管制刀具进入公共场所或者公共交通工具的，根据我国《治安管理处罚法》第三十二条规定，处以五日以上十日以下拘留，可以并处五百元以下罚款。在对郭翔进行社会调查时，他痛哭流涕地说，自己不知道携带管制刀具是违法的，谁能想到他收藏的羊角刀竟然成了他致人重伤的犯罪工具呢？如果郭翔平时学法知法，有一些法律常识，上学不携带管制刀具，那么这起血案也许就不会发生。

装饰精美、做工精良的刀具是很多男孩子喜欢的物品，他们往往喜欢收藏和摆弄，有的甚至携带管制刀具进入公共场所，有的上学竟然在书包里装着刀子。对于孩子的这种行为，家长要给予高度关注，不但要告诉他们什么样的刀具属于“管制刀具”，更要教会他们非经法律允许，不能买卖、持有，更不能随身携带管制刀具。即使不属于管制刀具，但能够对人体造成伤害的水果刀、工艺刀，也不能随身携带。

为什么法律规定未成年人不得携带管制刀具呢？这是因为：首先，

未成年人生理心理尚未发育成熟，做事往往不计后果。他们精力旺盛，控制能力较弱，好奇好动，辨别能力不强，加上青春期自我意识的发展，导致他们情绪不稳，容易感情用事。因此，未成年人携带管制刀具很容易伤害到他人或者被他人伤害，严重的甚至会像案例里的郭翔一样，构成犯罪；其次，未成年人携带管制刀具，容易被不法分子利用，成为犯罪工具，危害公共安全；再次，携带管制刀具，会助长未成年人逞强好胜的心理，一旦与同学发生冲突，随身携带的管制刀具很可能就会成为他们实施犯罪的工具。个别学生所谓“我们随身带把刀，只是为了防身”的说法其实只是一种借口。

未成年人犯罪按照犯罪人的特点可以分为两类：一类是偶发性犯罪，这种少年一般没有明显的品德问题，只是特定的背景引发了少年实施犯罪；还有一类是必然性犯罪，这类少年已具有明显的心理或行为问题，这种扭曲的不良人格使得其再犯可能性很高。本案中郭翔就是与同学因琐事争吵而引发的偶发性犯罪，其犯意持续时间短。如果不是因为郭翔随身携带管制刀具，本不会酿成如此大祸。因此，学校和家长应当对管制刀具进行严格管理，以免管制刀具让小矛盾激化，最终酿成大麻烦。

很多孩子只知道学校禁止携带管制刀具，但是却不完全了解管制刀具的危害。从以往的案例来看，凡是故意伤害造成严重后果的少年刑事案件，绝大多数都是因为携带了管制刀具。据了解，一些未成年人把刀子带到学校是瞒着家长和老师的，一些家长并不了解自己的孩子是否有携带刀具的行为，这样隐患更大。所以，要想防患于未然，家长除了要引导孩子阅读内容健康的书刊杂志、有选择地接触正能量的影视节目和网络等，还不要忘了把家里的刀具收藏好，以免给孩子提供接触刀具的机会。如果自己家的孩子有打架的行为，那么家长一定不要纵容，应该及时对孩子进行教育，更不要让管制刀具成为孩子们打架时顺手使用的武器，做出伤人害己的蠢事来。

同学之间应当互谅互让

同学间没有根本的利害冲突，在生活中发生矛盾时，本应设身处地为对方着想，互谅互让，或通过妥当的方式解决，如向老师报告或者找要好的同学进行调解。但案例里的郭翔和李元却都想逞威风、占上风，不仅谁都不肯宽容对方、不肯吃亏，甚至还使用暴力手段，拿着铁管、羊角刀相互伤害，结果双方都吃了大亏。本来只是因打扑克、午休这样的琐事不和，却酿成了一个身受重伤、一个沦为阶下囚的悲剧，值得我们深思。

六、别拿青春“赌”明天

迟到的录取通知书

王硕（男，17岁）是某中学高中一年级学生。因为是家里的独生子，父母对他寄予了很高的期望，希望儿子能够出类拔萃，考上重点大学。王硕也很争气，没有辜负父母的期望，他学习刻苦努力，遵守学校纪律，尊敬老师，团结同学。不管是老师还是同学都很喜欢他，邻居们也都羡慕他的父母能有这么个品学兼优的乖儿子。

经过高中三年的努力，王硕参加了全国统一高考。高考结束后，他觉得自己考得很不错，也把自己的预估分数告诉了父亲。父亲听了非常高兴，他觉得儿子这么多年寒窗苦读，付出了很多，如今可以松口气了，于是就对王硕说：“高中三年学习紧张，你也很辛苦，今年暑假你可以放松一下，玩一玩啦。”王硕的父亲平时唯一的嗜好就是利用休息时间和同事一起“搓麻”，过去怕影响孩子的学习，他只是偷偷地在外面玩。

儿子高考结束后，他一身轻松，就把“战场”转移到家中。

王硕开始时对这玩意儿不感兴趣，但他放假在家闲着没事，就凑过去看热闹。过了不久，他也觉得打麻将很有意思，就开始悄悄地学。父亲见状非但没有反对，有时“三缺一”还会让儿子凑个数，或叫儿子替自己“换换手气”。就这样，王硕渐渐地染上了赌瘾，到了周末父子俩就通宵达旦地与人玩麻将。后来，王硕自己也出去玩。

像所有的赌徒一样，赢了想再赢，输了还想赢回来，王硕在外面赌博输了好几千块钱，又不敢让父亲知道。为了偿还赌债，他思来想去终于想到一个弄钱的好办法，于是伙同另外两名同学一起去抢出租车。第一次作案时就被当场抓获了。

不久，高考录取通知书下发了，王硕和同案的一名同学考入大学本科，另一名同学考入大学专科，但他们三人都已被关押在看守所里，自然都没能进入大学的校门。面对这样突如其来的打击，王硕的父亲非常震惊，也非常后悔，他没有想到自己的不良嗜好竟会对儿子产生这么大的影响，耽误了儿子的一生。

远离赌博陋习

王硕还没有拿到大学的录取通知书，却拿到了公安局的逮捕证；没有能够进入大学的校门，却进了看守所。一个成绩优异、前程似锦的少年，却因为沾染了赌博的陋习而走上了犯罪的道路。

我国《预防未成年人犯罪法》将赌博列为“不良行为”之一，明令禁止。可以说，赌博对孩子有百害而无一利。

其一，赌博大量占用孩子宝贵的学习和休息时间，既影响身体发育，又荒废了学业。

其二，俗话说“十赌九输”，赌博会加重家庭的经济负担，导致家庭关系不和睦，甚至像案例中的王硕那样，为筹集赌资铤而走险，坠入犯罪深渊。

其三，赌博会使孩子养成好逸恶劳、尔虞我诈、投机取巧等不良品质，造成人生观、价值观的扭曲。同时，赌博很容易上瘾，即便是成年人一旦染上赌瘾都很难戒掉，更何况是本身就缺乏自控力的孩子。同时，经常赌博还可能沾上吸烟、酗酒、偷窃、说谎、打架等坏习惯，进而引发抢劫、伤害、凶杀等犯罪案件。所以，少年赌博可以看作是未成年人走向违法犯罪的一个重要信号。

尽管赌博的危害这么大，当下赌博或者以各种形式掩盖的变相赌博现象，在未成年人中却有日趋增长之势。社会上出现了形形色色的赌博和变相赌博的花样，以新奇的形式吸引孩子，诱惑着孩子们沉迷其中。由于未成年人争强好胜心比较强，在许多事情上喜欢“占上风”，同时又缺少社会经验，缺乏分辨能力，所以很容易受到引诱和怂恿而误入其中。他们一旦学会了赌博的方法，尝到刺激，就有可能形成赌瘾，成为参加赌博活动的“常客”。

所以，家长们对于出现的这些新情况一定要加以重视。另一方面，家长自己也要洁身自好，给孩子做个好榜样。在这个案例中，如果王硕的父亲能够教育孩子远离赌博，或者能够在孩子刚开始参与赌博的时候及时制止，王硕可能就不会被赌博断送美好前程。

那么如何教育孩子远离赌博陋习呢？

俗话说："上梁不正下梁歪。"家庭对孩子的发展具有无可替代的影响，在日常生活中的一举一动都会对孩子产生潜移默化的影响。所以作为父母，一定要以身作则，自觉地远离陋习，不在孩子面前谈论、从事赌博行为，用言传身教为孩子树立良好的榜样。

关注孩子学校生活，与学校相互配合

孩子主要的生活包括家庭和学校两部分。父母应当多与孩子的老师交流沟通，了解孩子在学校的学习、生活情况，及时发现孩子出现的心理波动和问题苗头，早发现，早预防，有针对性地对孩子进行教育和引导，避免贻误最佳矫正时机。家长还应当主动了解学校开展的道德与法治教育计划，结合学校的要求，配合家庭教育，帮助孩子预防赌博等不良行为的发生。

鼓励孩子锻炼身体，培养兴趣爱好

孩子进入青春期后，身体迅速发育，精力旺盛。此时，家长应当多关注孩子，引导孩子进行健康有益的文体、娱乐活动，用适当的方式让孩子发泄青春期的旺盛精力，同时起到强身健体、磨炼意志的作用。此外，青春期的孩子容易出现逆反心理，想和父母对着干。因此，家长不能过分说教，将自己的兴趣强加在孩子身上，而应当发现孩子自己的兴趣所

在，鼓励他培养有益身心的兴趣爱好。

了解孩子交友情况，合理控制零花钱

孩子长大后开始有了自己的社交圈子，对娱乐活动的需求增加，难免想要和朋友一起出去玩。家长不宜过分限制孩子的零花钱，避免孩子因为缺钱而做出违法的事情。建议家长适当给孩子一些零花钱，尽可能满足孩子的正当合理需求；同时，家长也应当鼓励孩子养成记账的习惯，听孩子讲一讲钱花在了哪里，以便了解孩子的交友消费情况，引导孩子将钱花在合理的地方，从小培养孩子勤俭节约、做事认真的好习惯。

跋

眼前厚厚的书稿——《别让小淘气变成大麻烦》把我的思绪拉回到当年审判工作的情景中：我的案头常常放着一本本厚厚的卷宗，每个案卷都记载着失足少年种种危害社会的行为。我从事少年刑事审判工作30年，审理过1200多个少年被告人的案件，也曾对100多名在押失足少年进行过系统的调查，还与失足少年的父母们进行过深入的交谈。一个个发人深省的案例，一次次气氛沉重而又催人泪下的庭审，一个个失足少年渴望新生的眼神，都深深地震撼着我。在审判实践中，我发现未成年人之所以会犯罪，与家庭环境不良和教育失当有着密切关系。和睦的家庭环境、良好的家庭教育、父母的优良品行可以使孩子积极向上、健康成长。反之，则可能适得其反。

长期的审判实践，使我在为这些失足少年深感痛心的同时，也萌生了写一本书来记录这些案例的强烈愿望，通过这些失足少年及其父母付出的血和泪的沉重代价，给家长、老师和所有关心孩子成长的人们以启发、借鉴。恰逢长江文艺出版社北京图书中心总编向我约稿，并得到北京市海淀区人民法院领导和同事们的赞同与帮助。本着这个愿望，我整理案例，收集材料，捕捉新动向、新信息，学习和研究犯罪学、心理学、家庭教育学、社会学等方面的知识。同时，我也以母亲的身份反思自己教养子女的经验、教训，体会为人父母的困惑，力图客观准确地剖析每一个不该发生的故事背后的原因，针对这些原因给父母们提供一些切实可行的建议；同时站在孩子的角度思考问题、反映情况，力图揭示他们的内心感悟，给家长们提供实际的启发和可供参考的依据。经过10个多月的努力，《别让小淘气变成大麻烦》这部书稿终于完成。

本书得以顺利问世，与各级领导、朋友们的大力支持和帮助密不可分。感谢最高人民法院大法官胡云腾在繁忙的工作之余亲自为本书作序；感谢长江文艺出版社北京图书中心（长江新世纪）金丽红总编辑、黎波总经理、罗小洁助理总编辑、王赛男编辑等人的指导和建议，正是他们的专业编辑、周密策划促成了本书的问世。

本书的写作基础是我在北京市海淀区人民法院少年法庭30年的工作实践。其中，凝结了北京市高级人民法院和北京市海淀区人民法院各级领导、少年法庭的法官们以及志愿者等工作人员的智慧和奉献。在本书付梓之际，一并表示衷心的感谢。

在本书写作过程中，我们查阅了大量资料，拜读了许多专家学者的文章，受到很多启发，也吸收、引用了一些观点和资料。特别感谢中国人民公安大学教授、博士生导师、著名犯罪心理学专家李玫瑾和最高人民法院原政治部宣教部副部长滑玉珍为本书提出的指导和建议。其中有的文章是根据媒体的报道编辑、整理成文的，在此说明，并向报道事件的记者们致谢。

我想将这本书奉献给天下的父母、老师和关心孩子成长的人们。期待能够警示那些生而不养、养而不教、教而不当的父母，唤醒那些将要或者可能误入歧途的少年，告诫那些只注重孩子的学习成绩却忽视孩子的品行教育的师长，呼吁全社会都来关心未成年人的健康成长。这是我的初衷，也是法官的责任、义务。让我们共同携手，为每一个孩子都能健康快乐地成长，每一个家庭都能充满爱和欢乐而不懈努力！

尚秀云

2019年3月写于海淀法院

图书在版编目（CIP）数据

别让小淘气变成大麻烦 / 尚秀云著 .— 武汉：长江文艺出版社，2019.4

ISBN 978-7-5702-0724-4

I. ①别… II. ①尚… III. ①家庭教育 IV. ① G78

中国版本图书馆 CIP 数据核字 (2018) 第 264757 号

别让小淘气变成大麻烦

尚秀云　著

选题产品策划生产机构 | 北京长江新世纪文化传媒有限公司
总 策 划 | 金丽红　黎　波　安波舜
项目统筹 | 罗小洁
责任编辑 | 王赛男　封面设计 | 郭　璐　媒体运营 | 洪振宇
法律顾问 | 张艳萍　内文制作 | 张景莹　责任印制 | 张志杰　王会利
版权代理 | 何　红　封面图片 | 视觉中国
总 发 行 | 北京长江新世纪文化传媒有限公司
电　　话 | 010-58678881　传　　真 | 010-58677346
地　　址 | 北京市朝阳区曙光西里甲 6 号时间国际大厦 A 座 1905 室　邮　　编 | 100028

出　　版 | 长江出版传媒 | 长江文艺出版社
地　　址 | 湖北省武汉市雄楚大街 268 号湖北出版文化城 B 座 9-11 楼　邮　　编 | 430070
印　　刷 | 三河市百盛印装有限公司
开　　本 | 710 毫米 ×1000 毫米　1/16　印　　张 | 14.25
版　　次 | 2019 年 4 月第 1 版　印　　次 | 2019 年 4 月第 1 次印刷
字　　数 | 155 千字
定　　价 | 45.00 元